Deutsche Schwänke

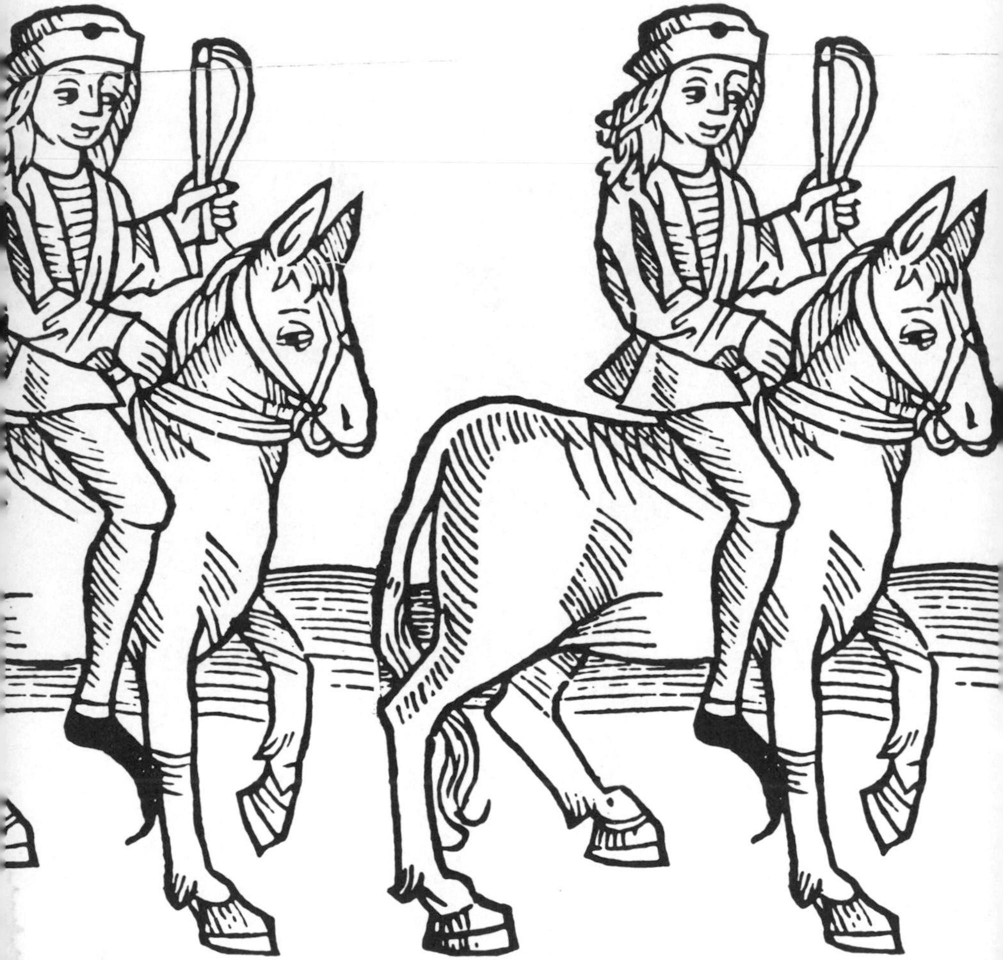

KLAUS ZOBEL

Deutsche Schwänke

HOLT, RINEHART AND WINSTON

New York   Toronto   London

Drawings on pages 11, 23 and 27 are by Walburga Hupe; drawings on pages 33 and 44-5 are by Annemarie Möller.

Library of Congress Catalog Card Number: 75-140666

Printed in the United States of America

SBN: 03-085565-9

1234567   090   987654321

Preface

  This elementary reader is based on 16 short comic or satirical tales, which belong to the very popular literary genre of the German SCHWANK. Without exaggeration the SCHWANK can be considered as one of the archetypes of German prose narration. SCHWÄNKE have been told for centuries, and there has been no generation within the last five hundred years that did not enjoy these little prose satires. The unsophisticated plan of these stories as well as their simplicity of language seem to be most appropriate to the form and style of an elementary reader.

  The 16 SCHWÄNKE will provide the students with enjoyable reading material, which can be used independently in any elementary German program. The exercises are designed for reviewing the content of the preceding chapters, for memorizing essential grammatical patterns, idiomatic expressions, and important words. To avoid monotony without sacrificing practice, special care has been given to the variation of the comparatively large number of exercises. Dialogues, cartoons in narrative sequence, comprehension tests, and many illustrations will be a stimulus for lively classroom discussion.

  The vocabulary of the book has been carefully checked according to the BASIC GERMAN WORD LIST (Grundstufe) by Alan Pfeffer. Exceptions or unfamiliar words are explained in marginal notes. The 16 SCHWÄNKE are graded in difficulty, and the demands on grammar and vocabulary are gradually intensified. The final chapter gives a short introduction to the SCHWANK, which may also serve as a summary to the preceding chapters.

K.Z.

INHALTSVERZEICHNIS

Deutsche Schwänke

1 - Zwei sehr ehrliche Schuhmacher

ehrlich *honest*

Schuhmacher *shoemaker*

Zwei Schuhmacher sitzen auf dem Markt und verkaufen Schuhe. Der eine von ihnen verlangt einen Taler für ein Paar Schuhe. Der andere will aber nur einen halben Taler für
5 jedes Paar haben. Der Schuhmacher, dessen Schuhe einen Taler kosten, staunt über die billigen Preise seines Nachbarn und fragt ihn: „Mein Gott, wie kannst du die Schuhe so billig verkaufen? Ich stehle immer das Leder
10 für meine Schuhe, aber ich kann sie nicht zu einem solch niedrigen Preis verkaufen.“ Darauf antwortet der zweite Schuhmacher: „Ich stehle nicht das Leder, ich stehle die Schuhe.“

der Taler *German silver coin (dollar: adapted and borrowed from German "Taler")*
dessen *whose*
staunt über *is amazed at*

stehle *steal*
das Leder *leather*

niedrig *low*
darauf *upon that*

1

ÜBUNGEN

A. *Ist a, b oder c richtig? Sagen oder schreiben Sie den richtigen Satz.*

1. a. Zwei Schuhmacher wollen zum (= zu dem) Markt gehen.
   b. Zwei Schuhmacher stehen auf dem Markt.
   c. Zwei Schuhmacher sitzen auf dem Markt.

2. a. Der eine verlangt zwei Taler für jedes Paar.
   b. Der eine will fünf Mark für jedes Paar haben.
   c. Der eine verlangt einen Taler für jedes Paar.

3. a. Der Schuhmacher staunt nicht über die niedrigen Preise seines Nachbarn.
   b. Der Schuhmacher staunt über die niedrigen Preise seines Nachbarn.
   c. Der Schuhmacher staunt über die hohen Preise seines Nachbarn.

4. a. Beide Schuhmacher stehlen das Leder für ihre Schuhe.
   b. Der eine stiehlt das Leder, der andere die Schuhe.
   c. Sie stehlen beide nicht.

B. *Setzen Sie die folgenden Formen richtig ein:* **kann, kannst, können, könnt.**

BEISPIEL:
Der erste Schuhmacher sagt: „Ich ... die Schuhe billig verkaufen.“
Der erste Schuhmacher sagt: „Ich kann die Schuhe billig verkaufen.“

1. Der zweite Schuhmacher fragt: „Wie ... du die Schuhe so billig verkaufen?“

2. Die Frau sagt: „Er . . . die Schuhe billig verkaufen."
3. Die Schuhmacher sagen: „Wir . . . die Schuhe billig verkaufen."
4. Die Leute fragen: „Wie . . . ihr die Schuhe so billig verkaufen?"
5. Die Frauen sagen: „Sie . . . die Schuhe billig verkaufen."

C. *Beantworten Sie die folgenden Fragen.*

1. Wo sitzen die zwei Schuhmacher?
2. Was tun sie dort?
3. Warum staunt der erste Schuhmacher über die Preise seines Nachbarn?
4. Warum verkauft der zweite Schuhmacher die Schuhe so billig?
5. Sind die zwei Schuhmacher sehr ehrlich?

D. *Setzen Sie den richtigen Artikel ein.*

1.	. . . Schuhmacher	9.	. . . Stunde
2.	. . . Markt	10.	. . . Bauer
3.	. . . Paar	11.	. . . Preis
4.	. . . Stadt	12.	. . . Schuh
5.	. . . Haus	13.	. . . Nachbar
6.	. . . Leder	14.	. . . Vater
7.	. . . Taler	15.	. . . Mutter
8.	. . . Wasser		

Bürger *citizen*

2 - Der Bürger und der Bauer

führt einen Prozeß *has a lawsuit*
im Unrecht *in the wrong*

der Wagen *carriage*

Ein Bürger führt einen Prozeß mit einem Bauern. Der Bürger ist im Unrecht, und er weiß das sehr wohl.

Deshalb gibt er dem Richter einen Wagen. Als der Bauer das hört, geht er zum Richter 5 und gibt ihm zwei Pferde. Wenige Tage später

4

gewinnt der Bauer den Prozeß. Jetzt ist der Bürger nicht zufrieden.

 Er geht wieder zum Richter und sagt: „Gab
10 ich Ihnen nicht einen Wagen?" Der Richter antwortet ihm: „Ja, natürlich, aber der Wagen muß dahin fahren, wohin ihn die Pferde ziehen."

Prozeß *case*

Gab ich Ihnen nicht einen Wagen? *Didn't I give you a carriage?*

wohin *where*

5

ÜBUNGEN

A. *Ergänzen Sie die Sätze.*

1. Der Bauer ist im Recht, aber der Bürger ...
2. Der Bürger gibt dem Richter einen Pferdewagen, jedoch der Bauer ...
3. Der Richter nimmt sowohl den Wagen von dem Bürger als auch die ...
4. Der Bauer gewinnt den Prozeß nicht sofort, sondern ...
5. Der Bürger verliert den Prozeß, aber der Bauer ...
6. Der Bauer ist zufrieden mit dem Richter, jedoch der Bürger ...

B. *Bilden Sie Fragesätze.*

BEISPIEL:
Ein Bürger führt einen Prozeß.
Führt ein Bürger einen Prozeß?

1. Dieser Richter ist ein kluger Mann.
2. Der Bürger weiß, daß er im Unrecht ist.
3. Der Bauer geht zum Richter, als er das hört.
4. Der Richter antwortet dem Bürger.

Bürger, Bauer, Richter und Erzähler

BÜRGER: „Guten Morgen, Herr Richter! Ich
bringe Ihnen hier einen Pferdewagen, es ist
ein sehr teurer Pferdewagen."

RICHTER: „Danke!"

5 BÜRGER: „Wann entscheiden Sie den Fall?"

RICHTER: „Am Montag!"

BÜRGER: „Ich bin sicher, daß Sie am Montag
den Wagen nicht vergessen."

RICHTER: „Glauben Sie das wirklich?"

10 BÜRGER: „Ja, natürlich, Herr Richter!"

RICHTER: „Warten Sie bis Montag."

BÜRGER: „Auf Wiedersehen, Herr Richter!"

RICHTER: „Auf Wiedersehen!"

BAUER: „Guten Morgen, Herr Richter! Wie
15 geht es Ihnen?"

RICHTER: „Danke, mir geht es gut!"

BAUER: „Herr Richter, suchen Sie zwei Pferde
für Ihren neuen Wagen?"

RICHTER: „Ja, vielleicht."

20 BAUER: „Ich habe zufällig zwei gute Pferde zu
Hause, die ich nicht mehr brauche. Darf
ich sie Ihnen bringen?"

RICHTER: „Aber natürlich, mein Freund!"

BAUER: „Vielen Dank, Herr Richter!"

25 ERZÄHLER: „Der Bauer gewinnt den Prozeß
wenige Tage später. Da geht der Bürger zum
Richter und ruft:"

BÜRGER: „Gab ich Ihnen nicht einen Wagen?"

RICHTER: „Ja, natürlich, aber der Wagen muß
30 dahin fahren, wohin ihn die Pferde ziehen."

Herr Richter *Your Honor*

entscheiden . . . den Fall? *decide the case?*

ich habe zufällig *I just happen to have*
Darf ich . . . *May I . . .*

3 - Der billige Wein

die Weinflasche *wine bottle*
gleich aussehen *look the same*
füllt *fills*
läßt leer *leaves empty*
das Wirtshaus *inn*
der Wirt *inn-keeper*

Wieviel kostet das? *How much does this cost?*
gibt ... zurück *hands ... back*

vertauscht hat *has exchanged*
das Weinfaß *wine cask*

der Dummkopf *blockhead*

Ein Student nimmt zwei Weinflaschen, die beide gleich aussehen. Die eine Flasche füllt er mit Wasser. Er steckt sie in seinen Mantel. Die andere läßt er leer. Er geht in ein Wirtshaus und sagt zum Wirt: „Bitte, füllen Sie mir diese 5 leere Flasche mit Wein." Der Wirt tut das. Der Student steckt die Flasche mit dem Wein in seinen Mantel. Dann fragt er den Wirt: „Wieviel kostet das?" Der Wirt antwortet: „Fünf Mark." „Das ist zu teuer, ich habe nicht 10 so viel Geld", sagt der Student und gibt dem Wirt die Flasche mit dem Wasser zurück. Der Wirt merkt nicht, daß der Student die beiden Flaschen vertauscht hat. Er gießt den Inhalt der Flasche in das Weinfaß zurück. Der Student 15 aber geht aus dem Wirtshaus und sagt: „Herr Wirt, nur ein Dummkopf bezahlt einen solch hohen Preis für Ihren Wein."

ÜBUNGEN

A. *Ergänzen Sie die folgenden Sätze:*

1. Der Student nimmt nicht nur <u>eine</u> Weinflasche, sondern . . . , die beide gleich aussehen.
2. Die eine Flasche füllt er mit Wasser, die andere . . .
3. Der Wirt will fünf Mark für den Wein haben, aber der Student sagt . . .
4. Der Wirt gibt dem Studenten die Flasche mit dem Wein, der Student jedoch gibt . . .
5. Der Student ist kein Dummkopf. Er kauft . . . , ohne . . . zu bezahlen.

B. *Setzen Sie den richtigen Artikel ein:*

1. . . . Student		**10.** . . . Preis
2. . . . Flasche		**11.** . . . Bürger
3. . . . Wasser		**12.** . . . Tag
4. . . . Inhalt		**13.** . . . Wirtshaus
5. . . . Wagen		**14.** . . . Mantel
6. . . . Pferd		**15.** . . . Dummkopf
7. . . . Wirt		**16.** . . . Geld
8. . . . Wein		**17.** . . . Richter
9. . . . Weinfaß		**18.** . . . Morgen

Wirt und Student

STUDENT: „Füllen Sie mir bitte diese Flasche mit Wein!"

WIRT: „Ist sie leer?"

STUDENT: „Ja, natürlich."

WIRT: „Geben Sie mir die Flasche!" 5

STUDENT: „Ist der Wein gut?"

selbstverständlich *of course*

WIRT: „Selbstverständlich. Das ist der beste Wein des Jahres."

STUDENT: „Verkaufen Sie viel davon?"

WIRT: „Sehr viel. — 10
Hier ist Ihre Flasche." (*Der Wirt gibt dem Studenten die Weinflasche.*)

STUDENT: „Wieviel kostet das?"

WIRT: „Fünf Mark."

STUDENT: „Das ist zu teuer, ich habe nicht so 15 viel Geld."

WIRT: „Dann geben Sie mir die Flasche zurück!"

heimlich *secretly*

STUDENT: „Gern." (*Der Student vertauscht heimlich die Flaschen.*) 20

WIRT: „Ein guter Wein kann nicht billig sein."

STUDENT: „Herr Wirt, nur ein Dummkopf bezahlt einen solch hohen Preis für Ihren Wein."

C. *Beschreiben Sie die folgenden Illustrationen.*

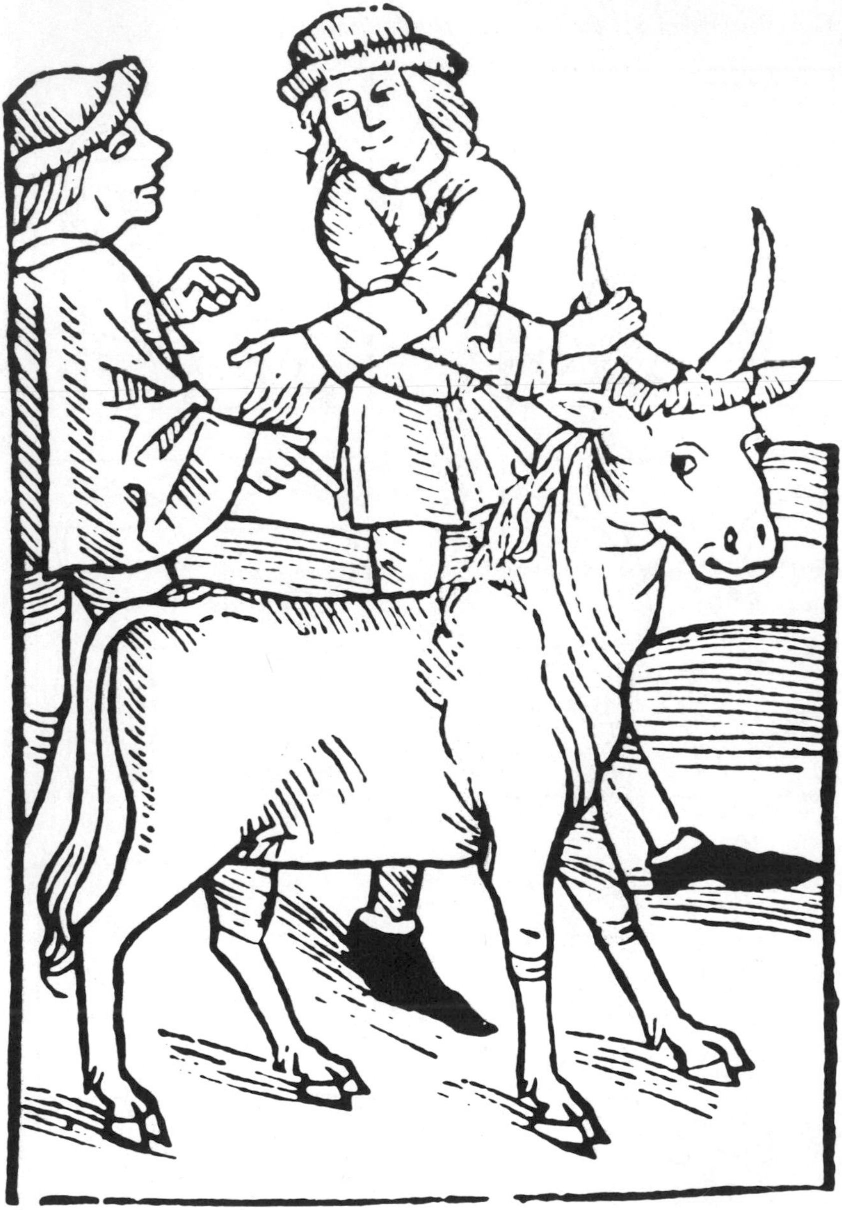

4 - Der Verkauf der Kuh

Ein Bauer trinkt mit seiner Frau jeden Tag
vier Flaschen Wein. Er arbeitet nicht mehr auf
dem Feld, und sie tut nichts mehr im Haus.
Sie sitzen stundenlang am Tisch und trinken.
5 An einem Samstag gehen sie mit ihrer letzten
Kuh zum Markt. Der Bauer sagt zu seiner
Frau: „Wir müssen unser Leben ändern. Wir
trinken zu viel." „Ja", antwortet ihm seine
Frau, „wir wollen nur eine Flasche Wein
10 trinken, wenn wir die Kuh verkauft haben."
„Du hast recht", sagt der Bauer, „und wir
wollen unser Wort halten."
Sie warten und warten, aber keiner kauft die
Kuh. Plötzlich sagt der Bauer zu seiner Frau:
15 „Warum kaufst du die Kuh nicht von mir?"
„Ja, natürlich", ruft die Bauersfrau. Nun
können die beiden eine Flasche Wein trinken.
Nach kurzer Zeit ist die Flasche leer. Jetzt fragt
die Frau ihren Mann: „Willst du die Kuh
20 zurückkaufen?" „Selbstverständlich", antwortet der Bauer.
Und so kaufen und verkaufen die zwei noch
viele Male die Kuh und trinken viele Flaschen
Wein, ohne ihr Wort zu brechen.

nicht mehr *no longer*

stundenlang *for hours*

ändern *change*

wenn wir . . . verkauft
haben *when we have
sold*
unser Wort halten *keep
our word*

die Bauersfrau *farmer's
wife*

zurückkaufen *buy back*
selbstverständlich *of
course*

ihr Wort zu brechen
break their word

13

ÜBUNGEN

A. *Ist a, b oder c richtig?*

1. a. Ein Bauer trinkt mit seiner Frau jede Woche vier Flaschen Wein.
b. Sie sitzen tagelang am Tisch.
c. An einem Samstag wollen sie ihre letzte Kuh auf dem Markt verkaufen.

2. a. Sie warten sehr lange, aber niemand kauft die Kuh.
b. Sie warten nur zehn Minuten.
c. Sie warten und warten, schließlich kauft ein Nachbar die Kuh.

3. a. Der Bauer und seine Frau brechen ihr Wort.
b. Sie trinken keine Flasche Wein.
c. Der Bauer verkauft die Kuh an seine Frau, dann trinken sie die erste Flasche Wein.

B. *Welche Ausdrücke gehören zusammen?*

BEISPIEL: **1. + f.** = **das Wort halten**

1. das Wort	**a.** bezahlen
2. eine Flasche Wein	**b.** gehen
3. auf dem Feld	**c.** ändern
4. das Leben	**d.** arbeiten
5. die Kuh	**e.** trinken
6. zum Markt	**f.** halten
7. am Tisch	**g.** verkaufen
8. einen hohen Preis	**h.** sitzen

C. *Bilden Sie Fragesätze.*

BEISPIEL:
Der Bauer geht mit seiner Frau zum Markt.
Geht der Bauer mit seiner Frau zum Markt?

1. Wir müssen unser Leben ändern.
2. Wir wollen unser Wort halten.
3. Du kaufst die Kuh von mir.
4. Der Bauer will die Kuh zurückkaufen.
5. Sie trinken viele Flaschen Wein.

5 - Die Belohnung

Ein geiziger Kaufmann verliert einen Geldbeutel mit 600 Talern. Er sagt vor allen Leuten auf dem Markt: „Dem ehrlichen Finder gebe ich 100 Taler Belohnung."

5 Ein armer Mann findet die 600 Taler und geht zum Kaufmann. Der Geizhals sieht in den Geldbeutel und sagt: „Guter Freund, in dem Beutel waren 700 Taler. Es ist gut, daß Sie schon die 100 Taler Belohnung herausge-
10 nommen haben." „Nein, das ist nicht wahr", ruft der arme, aber ehrliche Finder. Doch das hilft ihm nicht, und der Kaufmann weist ihn hinaus. Daraufhin geht der arme Mann zum Richter und erzählt ihm alles.

15 Nun muß der Kaufmann zum Richter kommen. Der Richter weiß, wie geizig der Kaufmann ist. Er fragt ihn: „Wieviel Geld war in Ihrem Beutel?" „700 Taler", antwortet der Kaufmann. „Nun", sagt der Richter, „dann
20 kann es nicht Ihr Geldbeutel sein. In diesem hier sind nur 600 Taler. Der ehrliche Finder mag das Geld behalten, denn niemand hat sich gemeldet, der einen Beutel mit 600 Talern verloren hat."

geizig *greedy*
der Geldbeutel *purse*

dem ehrlichen Finder
  the honest finder
die Belohnung *reward*

der Geizhals *miser*

herausgenommen haben
  have taken out

weist ihn hinaus *turns
  him out*

. . . mag behalten . . .
  may keep
niemand hat sich
  gemeldet, der einen
  Beutel verloren hat
  *nobody has reported a
  purse lost*

17

ÜBUNGEN

A. *Ergänzen Sie die folgenden Sätze.*

1. Nicht ein armer Mann verliert einen Geldbeutel, sondern . . .
2. Der Geizhals sagt zu dem armen Mann, daß nicht 600, sondern . . .
3. Der Kaufmann ist unehrlich, aber der arme Mann . . .
4. Der arme Mann bringt das Geld zurück, doch der Kaufmann will nicht . . .
5. Der Richter kennt den geizigen Kaufmann. Er sagt zu ihm: „Wenn in Ihrem Geldbeutel 700 Taler waren, dann . . .

B. *Setzen Sie die folgenden Sätze in die richtige Reihenfolge.*

1. Nun geht er mit dem Kaufmann zum Richter.
2. Ein armer Mann findet den Geldbeutel.
3. Der Kaufmann verliert nun den Geldbeutel zum zweiten Mal, aber diesmal kann ihm kein ehrlicher Finder das Geld zurückbringen.
4. Ein geiziger Kaufmann verliert 600 Taler.
5. Aber das hilft ihm nichts, er bekommt die Belohnung nicht.
6. Er bringt ihn zum Kaufmann.
7. „Nun, dann kann es dieser Beutel nicht sein", meint der Richter, „denn in diesem sind nur 600 Taler."
8. „Der arme Mann mag das Geld behalten."
9. Er verspricht, dem Finder 100 Taler zu geben.
10. „Das ist nicht wahr", ruft der ehrliche Finder.
11. Der Kaufmann sagt zu ihm: „Sie haben die 100 Taler schon herausgenommen."

12. Der Richter fragt den Kaufmann: „Haben Sie einen Beutel mit 700 Talern verloren?"

13. „Ja, das ist richtig", antwortet der Kaufmann.

C. *Bilden Sie neue Sätze, beginnen Sie die Sätze mit den schräggedruckten Wörtern.*

BEISPIEL:
Er findet einen Geldbeutel. / *Plötzlich*
Plötzlich findet er einen Geldbeutel.

1. Er gibt ihm das Geld. / *Nun*
2. Er hat die 100 Taler nicht. / *Sicherlich*
3. Der arme Mann geht zum Richter. / *Daraufhin*
4. Der Richter kennt den Geizhals. / *Natürlich*
5. Ein Richter hilft einem armen Mann. / *Nicht immer*
6. Der arme Mann erzählt die Geschichte seiner Frau. / *Schnell*

6 - Die Weihnachtsgans

Weihnachten
Christmas

dort oben *up there*

einsam *lonely*

heimlich *secretly*
die Leiter *ladder*
stieg . . . hinauf
   climbed up

die Stimme *voice*

die Nerven verlieren
lose one's nerves

die Überraschung
surprise

ärgerlich *angrily*
der Unsinn *nonsense*
das ist . . . schade *that's*
   . . . *too bad*
nach Hause mitnehmen
   take home

Es war kurz vor Weihnachten, als ein armer Bauernjunge an einem Fenster des Bürgermeisterhauses eine fette Gans hängen sah. Er dachte: Mein liebes Gänschen, du hängst dort oben so einsam, ich will dich in eine gute 5 Familie bringen.

Am Abend ging er heimlich mit einer Leiter zum Hause des Bürgermeisters. Langsam stieg er zum Fenster hinauf, an dem die Gans hing. Er hatte den fetten Vogel schon in der Hand, 10 als er plötzlich die laute Stimme eines Polizisten hörte: „Halt! Was machst du dort oben?" Ohne die Nerven zu verlieren, antwortete der Junge: „Da bald Weihnachten ist, will ich dem Herrn Bürgermeister als kleine Überraschung 15 eine fette Gans an das Fenster hängen." Der Polizist rief ärgerlich: „Unsinn, komm sofort herunter!" „Nun", meinte der Junge, „das ist wirklich schade, denn jetzt muß ich die Gans wieder nach Hause mitnehmen." 20

ÜBUNGEN

A. *Ist a oder b richtig?*

1. Ein Kaufmann kam von der Stadt.
   a. Er ritt auf einem Pferd.
   b. Er ging zu Fuß.

2. Plötzlich trat ein Räuber aus dem Busch.
   a. Der Räuber hatte zwei Pistolen.
   b. Der Räuber hatte nur eine Pistole.

3. Der Räuber wollte den Geldbeutel haben.
   a. Er gab dem Kaufmann nichts dafür.
   b. Er gab dem Kaufmann den alten Rock und die Pistole dafür.

4. Jetzt richtete der Kaufmann die Pistole auf den Räuber.
   a. Der Räuber hatte Angst.
   b. Der Räuber lachte nur.

B. *Bilden Sie neue Sätze, beginnen Sie mit den schräggedruckten Ausdrücken.*

Beispiel:
Der Kaufmann hatte *in der Stadt* viel Geld verdient.
In der Stadt hatte der Kaufmann viel Geld verdient.

1. Ein Räuber trat *aus dem Busch.*
2. Der Kaufmann hatte *Angst.*
3. Er sprang *sofort* von seinem Pferd.
4. Der Kaufmann hatte den Geldbeutel *in der Tasche.*
5. Der Räuber lachte *jetzt.*
6. Der Kaufmann stand ohne sein Geld *auf der Straße.*
7. Der Kaufmann richtete die Pistole *sofort* auf den Räuber.

C. *Verändern Sie den Titel unserer Geschichte, er heißt jetzt:*
„Zwei Räuber und zwei Kaufleute"
Setzen Sie die richtigen Formen ein.

BEISPIEL:
... ... in der Stadt viel Geld verdient. Jetzt ... ...
auf ... ... nach Hause.
Zwei Kaufleute hatten in der Stadt viel Geld verdient.
Jetzt ritten sie auf ihren Pferden nach Hause.

In der Tasche hatte jeder einen vollen Geldbeutel.
Plötzlich ... ... Räuber aus dem Busch und ...
... Pistolen auf ... . Die ... ... Angst und ... sofort
von ... . Die ... ...: „Sie brauchen keine Angst
zu haben, ... nur ein Geschäft mit Ihnen machen.
Geben Sie ... ... vollen Geldbeutel und die ...,
dann bekommen Sie ... alten Röcke und ... ."
... ...: „Bekommen ... wirklich ... ...?"
„Natürlich", ... die Räuber, „aber zuerst müssen Sie
... die Geldbeutel und ... ... geben." Das ... die
... sofort. Die Räuber ... das Geld und ... die
.... Dann ... ... ihre alten Röcke und
schließlich die Pistolen. Kaum ... ...
in der Hand, als sie sie auf die Räuber ... und alles
von ... zurückverlangten. Doch ... ... nur.
... ... davon und ...: „Die Pistolen ... nicht geladen!"

D. *Beschreiben Sie die Illustrationen auf Seite 27.*

1

2

3

4

5

8 - Die drei Diebe

Eines Tages traf Dieter seine beiden Freunde
Friedrich und Heinrich im Wald. Die drei
kannten sich gut, denn sie hatten alle denselben
Beruf. Sie waren Diebe. Dieter öffnete alle
Türen ohne Schlüssel, Friedrich konnte zwei 5
Leuten zur gleichen Zeit den Geldbeutel aus
der Tasche ziehen, und Heinrich verkaufte die
Pferde anderer Leute, ohne daß sie etwas
davon wußten. Man kann sicherlich sagen, daß
alle drei Meister in ihrem Fach waren. 10

der Dieb *thief*

das Fach *profession*

Diesmal hatten sie sich jedoch getroffen, um herauszufinden, wer der beste von ihnen war. Sie traten unter einen Baum, in dessen Zweigen ein scheuer Vogel auf seinen Eiern
15 saß. Dieter war der erste. Er kletterte vorsichtig den Baum hinauf. Dann griff er von unten in das Nest des Vogels und nahm die Eier heraus, ohne daß der Vogel etwas merkte. Als Dieter wieder vom Baum heruntergeklettert
20 war, lobten ihn seine Freunde. Aber Friedrich wollte nun zeigen, daß er mindestens so geschickt war wie Dieter. Er nahm die Eier, kletterte hinauf zum Nest des Vogels und legte die Eier von unten wieder in das Nest. Der Vogel
25 merkte auch diesmal nichts. Aber während Friedrich dem Vogel die Eier wieder ins Nest legte, kletterte Heinrich hinter Friedrich den Baum hinauf und zog ihm langsam und vorsichtig die Hosen aus. Erst als Friedrich
30 wieder unten war, sah er, daß ihm die Hosen fehlten. Die drei lachten laut über den Streich des Heinrich. Nun gab es keinen Zweifel mehr, wer von ihnen der geschickteste Dieb war.

herausfinden *find out*

scheu *shy*

vorsichtig *cautiously*

kletterte . . . hinauf
   climbed up

heruntergeklettert
   climbed down
lobten *praised*

so . . . wie *as . . . as*

der Streich *prank*
der Zweifel *doubt*

29

ÜBUNGEN

A. *Ist a, b oder c richtig?*

1. a. Dieter, Friedrich und Heinrich waren Freunde, aber sie hatten nicht denselben Beruf.
   b. Dieter und Heinrich kannten sich gut, aber Friedrich war für sie ein Fremder.
   c. Sie waren alle drei Freunde und hatten auch denselben Beruf.

2. a. Heinrich war ein Pferdedieb.
   b. Dieter konnte keine Tür ohne Schlüssel öffnen, aber er war ein guter Reiter.
   c. Friedrich war ein Taschendieb, jedoch konnte er nicht zwei Leuten zur gleichen Zeit den Geldbeutel aus der Tasche ziehen.

3. a. Es war ihnen gleichgültig, wer von ihnen am besten stehlen konnte.
   b. Sie waren alle drei Meister in ihrem Fach, aber diesmal wollten sie wissen, wer der beste von ihnen war.
   c. Keiner von ihnen war geschickter als seine Kameraden.

4. a. Heinrich verlor auf dem Baum seine Hosen.
   b. Dieter zog Friedrich die Jacke aus, ohne daß der das merkte.
   c. Heinrich zog Friedrich langsam und vorsichtig die Hosen aus.

5. a. Friedrich merkte sofort, daß ihm die Hosen fehlten.

b. Er sah es erst, als er wieder vom Baum heruntergeklettert war.

c. Er merkte gar nichts und ging ohne Hosen nach Hause.

B. *Ergänzen Sie die fehlenden Wörter in den b-Sätzen.*

Auf die Frage „wohin?" antwortet der Akkusativ und auf die Frage „wo?" der Dativ.

BEISPIELE:
a. Wo traf Dieter eines Tages seine beiden Freunde?
b. Er traf sie in . . . Wald.
Er traf sie in dem Wald.

a. Wohin gingen die drei Freunde?
b. Sie gingen in . . . Wald.
Sie gingen in den Wald.

1. a. Wohin traten die Diebe?
b. Sie traten unter . . . Baum.

2. a. Wo standen Friedrich und Heinrich, als Dieter auf den Baum kletterte?
b. Sie standen unter . . . Baum.

3. a. Wohin griff Dieter?
b. Er griff in . . . Nest.

4. a. Wo waren die Eier des Vogels?
b. Sie waren in . . . Nest.

5. a. Wohin kletterten die drei Diebe?
b. Sie kletterten auf . . . Baum.

6. a. Wo saß der Vogel?

  b. Er saß auf . . . Eiern.

7. a. Wo wartete Heinrich auf seine Freunde?

  b. Er wartete auf sie neben . . . Baum.

8. a. Wohin legte Heinrich Friedrichs Hose?

  b. Er legte sie neben . . . Baum.

C. *Bilden Sie aus den folgenden Silben 11 Wörter, die Sie auf die rechte Seite schreiben. Wenn Sie die ersten Buchstaben der Wörter von 1–11 lesen, dann wissen Sie, daß Heinrich ein . . . . . war.*

be – dies – ei – Ei – ein – ern – ih – in – mal – mal – merk – ne – nen – ner – reg – ren – sche – schen – sei – ste – Ta – te – zwi

1. Dieter griff in das Nest, ohne daß der Vogel etwas . . .

1) . . . .

2. Der Vogel saß auf seinen . . .

2) . . . .

3. Das deutsche Wort für „meanwhile"

3) . . . .

4. Dieter und . . . beiden Freunde waren Diebe.

4) . . . .

5. Friedrich konnte den Leuten das Geld aus der . . . ziehen.

5) . . . .

6. Er fragte ihn nicht zweimal, sondern nur . . .

6) . . . .

7. Wenn schwarze Wolken am Himmel sind, dann fängt es an zu . . .

7) . . . .

8. Das deutsche Wort für „this time" 8) . . . .

9. Die drei Diebe liebten . . . Beruf 9) . . . .

10. Nicht zwei, sondern nur . . . konnte gewinnen. 10) . . . .

11. Heinrich war der . . . Dieb von ihnen. 11) . . . .

1) merkte 2) Eiern 3) inzwischen 4) seine 5) Tasche 6) einmal 7) regnen 8) diesmal 9) ihren 10) einer 11) beste

Schlüsselwort: MEISTERDIEB

D. *Beschreiben Sie die folgenden Illustrationen.*

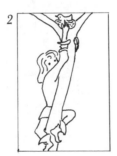

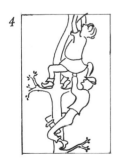

der Wettlauf *race,*
running-match

9 - Der Wettlauf

zögern *hesitate*

Drei Studenten kamen mittags müde und
durstig in ein Dorf. Ohne lange zu zögern,
gingen sie in das erste Wirtshaus, um ein gutes
und teures Essen zu bestellen. Leider hatte
keiner der drei Herren einen Pfennig in der 5

Tasche. Aber glücklicherweise konnte ihnen der Wirt nicht in ihre leeren Geldbeutel sehen.

Nach einer Stunde waren die drei mit dem Essen und Trinken fertig. Sie riefen den Wirt,
10 und der erste Student sagte: „Herr Wirt, ich möchte gern unsere Rechnung bezahlen."
Jedoch sofort unterbrach ihn der zweite Student und rief: „Nein, nein, das kommt nicht in Frage, ich werde alles bezahlen." Und auch
15 der dritte rief: „Ich will die Ehre haben, meine Freunde einzuladen."

Keiner der Studenten wollte nachgeben und den anderen bezahlen lassen. Lauter und lauter redeten die drei, aber sie kamen zu keiner
20 Entscheidung. Als der Wirt versuchte, zwischen ihnen zu vermitteln, wurde der Streit sogar noch schlimmer.

Schließlich rief der erste Student: „Freunde, ich weiß, was wir tun. Wir machen einen Wett-
25 lauf auf der Straße. Und nur der Gewinner darf die Rechnung bezahlen." Die beiden anderen sagten nichts dagegen. Und so war der Wirt froh, daß die drei Herren einen Weg gefunden hatten, die schwierige Frage zu lösen. Als Ziel
30 des Wettlaufs wählten sie einen Baum, der auf einem Hügel weit vor dem Dorf stand. Der Wirt durfte das Rennen starten.

Nach zehn Minuten hatten die Studenten den Baum erreicht. Aber keiner von ihnen
35 schien gewonnen zu haben, denn sie liefen immer weiter, bis sie keiner mehr sehen konnte.

Noch heute wartet der Wirt auf die Rückkehr des Gewinners.

---

glücklicherweise *fortunately, luckily*

ich möchte gern *I would like*

unterbrach *interrupted*

kommt nicht in Frage *is out of the question*

die Ehre haben *have the honor*
einladen *invite*

nachgeben *give in*

die Entscheidung *decision*
vermitteln *mediate*
der Streit wurde sogar noch schlimmer *the argument even got worse*

der Gewinner *winner*

lösen *settle*
das Ziel *goal*

der Hügel *hill*

liefen immer weiter *kept on running*

die Rückkehr *return*

ÜBUNGEN

A. *Ergänzen Sie die folgenden Sätze.*

1. Nicht nur <u>ein</u> Student, sondern . . . kamen in ein Dorf.
2. Sie bestellten ein gutes und teures Mittagessen, obwohl sie . . .
3. Sie aßen nicht schnell und hastig, sondern . . .
4. Die Studenten taten so, als ob sie die Rechnung bezahlen wollten. Aber . . .
5. Die drei liefen nicht mehrmals um das Haus des Wirts, sondern sie wählten . . .
6. Sie hatten zwar in zehn Minuten das Ziel erreicht, aber . . .

B. *Bilden Sie neue Sätze, beginnen Sie mit den schräggedruckten Ausdrücken.*

BEISPIEL:
Die drei Studenten kamen *mittags* in ein Dorf.
Mittags kamen die drei Studenten in ein Dorf.

1. Keiner von ihnen hatte *leider* einen Pfennig in der Tasche.
2. Der Wirt konnte *glücklicherweise* nicht in ihre Taschen sehen.
3. Die drei waren *nach einer Stunde* mit dem Essen fertig.
4. Der Student unterbrach *sofort* den Wirt.
5. Die drei redeten *lauter und lauter.*
6. Der Streit wurde sogar noch schlimmer, *als der Wirt etwas sagen wollte.*

7. Der erste Student rief *schließlich:*

8. „Ich werde die Rechnung bezahlen, *sobald ich das Rennen gewonnen habe.*"

9. Die Studenten hatten *nach zehn Minuten* den Baum erreicht.

10. Der Wirt wartet noch heute auf ihre Rückkehr, *da sie nicht anhielten.*

C. *Welche Ausdrücke gehören zusammen?*

BEISPIEL:
1. + **i.** = **ein Rennen starten**

1. ein Rennen	**a.** öffnen
2. zu einer Entscheidung	**b.** sitzen
3. eine Pistole	**c.** hören
4. auf einem Stuhl	**d.** klettern
5. eine Tür	**e.** essen
6. eine Stimme	**f.** bekommen
7. auf einen Baum	**g.** kommen
8. im Gasthaus	**h.** laden
9. eine Belohnung	**i.** starten

D. *Setzen Sie die Verben vom Präsens ins Präteritum.*

BEISPIEL:
sie zögern — **sie zögerten**

1. sie gehen **2.** sie bestellen **3.** sie können **4.** sie sehen **5.** sie rufen **6.** sie bezahlen **7.** sie reden **8.** sie versuchen **9.** sie finden **10.** sie wählen **11.** sie gewinnen **12.** sie laufen

Die drei Studenten

1. STUDENT: Der Wirt wird lange auf unsere Rückkehr warten müssen!
2. STUDENT: Ja, er war ein ziemlich dummer Kerl. Er hat wirklich geglaubt, daß wir die Rechnung bezahlen wollten. 5
3. STUDENT: Das nächste Mal wird er besser aufpassen!
1. STUDENT: Das wird ihm nicht viel helfen.
3. STUDENT: Warum nicht?
1. STUDENT: Andere Studenten werden ihn mit 10 anderen Tricks hereinlegen.
2. STUDENT: Du hast recht.
1. STUDENT: Übrigens, in Frankfurt hörte ich vor 14 Tagen von einem Studenten, wie er einen Wirt in Süddeutschland hereingelegt 15 hat.
2. & 3. STUDENT: Das mußt du uns erzählen!
1. STUDENT: Er war in ein Gasthaus gegangen und hatte gesagt: „Herr Wirt, bringen Sie mir ein gutes Essen für mein gutes 20 Geld!"
3. STUDENT: Und dann?
1. STUDENT: Nun, der Wirt brachte ihm ein ausgezeichnetes Essen.
2. STUDENT: Und wieviel mußte er bezahlen? 25
1. STUDENT: Einen Pfennig!
3. STUDENT: Einen Pfennig??
1. STUDENT: Ja, nur einen Pfennig. Er erklärte dem erstaunten Wirt: „Ich habe nur für mein gutes Geld essen wollen. Und Sie, 30 Herr Wirt, waren damit einverstanden."
2. STUDENT: Und dann?

aufpassen *watch*

hereinlegen *take someone in*

1. STUDENT: Dann nahm der Student einen
Pfennig aus der Tasche, legte ihn auf
35   den Tisch und sagte: „Dieser Pfennig ist
all mein Geld, mehr habe ich nicht."
3. STUDENT: Was machte der Wirt?
1. STUDENT: Er konnte gar nichts machen.
Aber er sagte zu dem Studenten: „Lieber
40   Freund, ich bin Ihnen nicht böse, Sie müssen mir nur versprechen, daß Sie zu meinem Nachbarn, dem Gastwirt von der
„Sonne", gehen und ihn genauso hereinle-   „Sonne" *here: name of*
gen wie mich."   *an inn*
45 2. STUDENT: Was antwortete ihm der Student?
1. STUDENT: Er ging schnell zur Tür und meinte:
„Herr Wirt, bei Ihrem Nachbarn war
ich schon, der hat mich zu Ihnen geschickt."
50 2. & 3. STUDENT: (*beide lachen*) Ausgezeichnet!

10 - Die Magd und die zwei Hühnchen

das Hühnchen *chicken*

zum Essen eingeladen
invited for dinner

Ein Bürger hatte einen Fremden zum Essen eingeladen. Er kaufte deshalb zwei Hühnchen, die er seiner Magd mit den Worten gab: „Koche ein gutes Essen, ich habe heute einen Gast." „Ja, Herr, das will ich tun", ant- 5 wortete die Magd und legte die beiden Hühnchen in die Pfanne.

der Hausherr *master of the house*
Sorge dafür, ... *See to it...*

Da der Hausherr noch einmal in die Stadt gehen wollte, sagte er zur Magd: „Sorge dafür, daß das Essen um 12 Uhr fertig ist, denn dann 10 bin ich wieder zurück. „Ja, Herr", meinte die Magd, „ich werde die Hühnchen pünktlich auf den Tisch bringen."

knusprig *crisp*

schrecklichen Hunger
terribly hungry

ungeduldig *impatiently*

sich ... beherrschen
control oneself

klingelte *rang the bell*

öffnete *opened*

Ungefähr eine Stunde später waren die Hühnchen fertig. Knusprig und braun lagen 15 sie in der Pfanne. Die Magd bekam schrecklichen Hunger. Sie saß vor der Pfanne mit den Hühnchen und wartete ungeduldig auf ihren Herrn und seinen Gast. Schließlich konnte sie sich nicht mehr länger beherrschen und aß 20 beide Hühnchen auf.

Wenige Minuten danach klingelte der Gast des Hausherrn. Die Magd öffnete ihm die Tür und führte ihn ins Haus. Dabei fragte sie den Fremden: „Wie lange kennen Sie meinen 25 Herrn?" „Nicht sehr lange", sagte der Fremde, „ich traf ihn gestern auf dem Markt zum ersten Mal." „Oh, Sie armer Mann", rief die Magd,

„wissen Sie überhaupt, daß mein Herr nicht
30 ganz richtig im Kopf ist?" „Nein", antwortete
der Gast. „Mein Gott! Sie armer Mensch!"
jammerte die Magd, „mein Herr hat die
Angewohnheit, jeden Tag Gäste einzuladen,
um ihnen die Ohren abzuschneiden." „Was!
35 Ist das wirklich wahr?" fragte der Fremde. „Ja,
ja", meinte die Magd, „erst vor zwei Tagen
hat er einem jungen Mann beide Ohren
abgeschnitten." In diesem Augenblick hörte
der Fremde jemanden ins Haus kommen. Die
40 Angst packte ihn, und er lief davon.

Der Hausherr war aus der Stadt zurückgekehrt. Er ging in die Küche und nahm ein
Messer, um sich ein Stück von den Hühnchen
abzuschneiden. Als die Magd das sah, rief sie:
45 „Lieber Herr, der Fremde war hier, er hat
beide Hühnchen mitgenommen. Seht aus dem
Fenster, dort drüben läuft er." Der Hausherr
eilte auf die Straße. Ohne es zu wissen, hatte er
das Messer noch in der Hand. Als er den Frem-
50 den in einiger Entfernung sah, rief er: „Laßt
mir wenigstens eins!" Der Fremde aber sah
nur das Messer, er hielt die Hände über seine
Ohren und rief: „Ich will beide behalten!"
Dann lief er, so schnell er konnte, aus der
55 Stadt und kehrte nie wieder dorthin zurück.
Und das war der Magd sehr recht.

nicht ganz richtig im
Kopf *not quite right
in the head*

jammerte *lamented*
hat die Angewohnheit
is in the habit of
abschneiden *cut off*

erst *only*

packte *seized*
zurückgekehrt *returned*

mitgenommen *took
away with*

eilte *hurried*

in einiger Entfernung
at some distance

hielt *put*

dorthin *there*
war ... sehr recht
just suited

41

ÜBUNGEN

A. *Ist a oder b richtig?*

1. a. Ein Bürger hatte mehrere Freunde zum Essen eingeladen.
   b. Er hatte nur einen Fremden eingeladen.

2. a. Der Hausherr wollte, daß die Magd das Essen um 12 Uhr auf den Tisch brachte.
   b. Der Hausherr erwartete seinen Gast zum Abendessen.

3. a. Die Magd aß eins der Hühnchen auf.
   b. Sie aß alle beide Hühnchen auf.

4. a. Die Magd hatte Angst, dem Fremden die Tür zu öffnen.
   b. Als der Fremde klingelte, ging die Magd sofort zur Tür und ließ ihn herein.

5. a. Der Fremde kannte den Hausherrn schon viele Jahre.
   b. Der Gast hatte den Hausherrn erst kurz vorher kennengelernt.

6. a. Der Fremde glaubte der Magd die Geschichte mit den Ohren.
   b. Er lachte über das, was ihm die Magd erzählte.

7. a. Den Fremden packte die Angst, als er jemanden ins Haus kommen hörte.
   b. Der Fremde setzte sich auf einen Stuhl und wartete, bis der Hausherr zurückkam.

8. a. Der Hausherr wollte dem Fremden mit einem Messer die Ohren abschneiden.

   b. Er wollte dem Fremden nicht die Ohren abschneiden, sondern nur eins der Hühnchen haben.

B. *Beginnen Sie die Fragen mit dem richtigen Fragepronomen:* **wohin, was, wo, wer, wen, weshalb, wann, warum, wem.**

BEISPIEL:
Der Bürger traf den Fremden *auf dem Markt.*
. . . traf der Bürger den Fremden?
Wo traf der Bürger den Fremden?

1. Die Magd antwortete *ihrem Herrn.*
. . . antwortete die Magd?

2. Der Herr wollte *um 12 Uhr* mit seinem Gast essen.
. . . wollte der Herr mit seinem Gast essen?

3. Die Magd aß die Hühnchen, *weil sie sehr hungrig war.*
. . . aß die Magd die Hühnchen?

4. *Wenige Minuten danach* klingelte der Gast.
. . . klingelte der Gast?

5. Die Magd führte ihn *ins Haus.*
. . . führte ihn die Magd?

6. Der Fremde hatte den Hausherrn *gestern* getroffen.
. . . hatte der Fremde den Hausherrn getroffen?

7. Die Magd sagte: „Der Herr lädt jeden Tag Gäste ein, *um ihnen die Ohren abzuschneiden.*"
. . . lädt der Herr jeden Tag Gäste ein?

8. Der Fremde hörte *den Herrn* ins Haus kommen.
. . . hörte der Fremde ins Haus kommen?

9. Der Hausherr ging *in die Küche.*
. . . ging der Hausherr?

10. „*Der Fremde* war hier!" rief die Magd.
„. . . war hier?" fragte der Herr.

11. „*Dort drüben* läuft er!"
... läuft er?

12. Der Fremde sah nur *das Messer.*
... sah der Fremde nur?

13. Der Fremde rief: „*Ich will beide behalten.*"
... rief der Fremde?

14. Der Fremde kehrte nie wieder *in die Stadt* zurück.
... kehrte der Fremde nie mehr zurück?

C. *Ersetzen Sie die schräggedruckten Ausdrücke durch die folgenden Synonyme.*

da / erzählt / rannte / kurze Zeit später / ging aus dem Haus / noch einmal / ungefähr / zurück sein / wußte nicht / daher

Weil der Bürger *wiederum* in die Stadt gehen wollte, sagte er zu seiner Magd: „In *etwa* einer Stunde werde ich wieder *hier sein.*" Mit diesen Worten *verließ* der Bürger *das Haus. Kurze Zeit darauf* öffnete die Magd dem Gast die Tür. Der Fremde *hatte keine Ahnung,* daß ihm die Magd nicht die Wahrheit gesagt hatte. Er lief *deshalb* schnell aus dem Haus.

D. *Beschreiben Sie die folgenden Illustrationen.*

1

2

44

3

4

5

6

7

11 - Der fahrende Schüler aus dem Paradies

Bäuerin *farmer's wife*

An einem schönen Morgen sah eine Bäuerin, die vor drei Tagen zum zweiten Mal geheiratet hatte, aus dem Fenster ihres großen Bauernhauses. Da kam ein fahrender Schüler die Dorfstraße hinunter und rief: „Guten Morgen!" 5

erwiderte *replied*

Die Bäuerin erwiderte: „Guten Morgen!" Dann fragte sie: „Woher kommen Sie?" „Oh",

geradewegs *directly*

sagte der Schüler, „ich komme geradewegs aus Paris." Die Bäuerin verstand statt Paris Paradies. Sie sagte deshalb: „Aus dem 10 Paradies? Mein Gott! Dann haben Sie sicherlich meinen ersten Ehemann getroffen. Er ist vor drei Jahren gestorben." „Aber wie hieß Ihr erster Ehemann?" wollte der Schüler wissen. Er hatte schnell gemerkt, wie einfältig 15

Sauffest *compound of* feste saufen (*to drink hard*)
ich mich . . . erinnere *I remember*
krummbeinig *bow-legged*

die Frau war. „Heinrich Sauffest", antwortete die Bäuerin. „Ah, der alte Heinrich, ich glaube, daß ich mich an ihn erinnere. War er krummbeinig und klein? „Ja, ja", rief die Bauersfrau, „das muß mein armer Mann gewesen sein. 20 Wie geht es ihm?" „Nun, liebe Frau, das ist eine traurige Geschichte. Der arme Kerl wollte

einen trinken *have a drink*
erkältete er sich *he caught a cold*
besaß *possessed*
Wenn man ihm nur helfen könnte! *If one could only help him.*

oft einen trinken, aber er hatte nie Geld, und im Winter erkältete er sich häufig, weil er keinen Mantel besaß." Die arme Frau weinte, 25 als sie das hörte. „Wenn man ihm nur helfen könnte!" sagte sie. Unser Freund erwiderte: „Ich will heute ins Paradies zurückreisen. Für Ihren Mann will ich gerne etwas mitnehmen."

30 Die Bäuerin war sehr froh, als sie das hörte.
Schnell holte sie einen schweren Wintermantel
und einen Geldbeutel mit 100 Talern. Das gab
sie ihm mit den Worten: „Ich bin Ihnen sehr
dankbar, daß Sie dies alles meinem ersten   dankbar *grateful*
35 Ehemann ins Paradies bringen wollen." Unser
Freund nahm den Mantel und den Geldbeutel
und verabschiedete sich schnell.   verabschiedete sich
said good-bye

Etwa eine Stunde später kam der jetzige   jetzige *present*
Ehemann der Frau vom Felde zurück. Voller   voller Freude *joyfully*
40 Freude erzählte sie ihm die ganze Geschichte.
Da wurde der Mann sehr ärgerlich, nahm sein
bestes Pferd aus dem Stall und jagte dem   jagte ... nach *pursued*
fahrenden Schüler nach. Unser Freund war
aber gut vorbereitet. Als er den Reiter am
45 Horizont sah, warf er den Mantel und den
Geldbeutel in einen Busch, zog seine Jacke aus

und tat, als ob er auf dem Felde arbeite. Als
der Bauer das Feld erreichte, hielt er den
Burschen für einen Landarbeiter und rief:
„Haben Sie einen jungen Mann mit einem 50
Wintermantel gesehen?" „Ja!" rief der Bursche
zurück, „dort drüben ist er in den Wald
gelaufen, als er Sie kommen sah." Der Bauer
sprang vom Pferd und sagte: „Halte mein
Pferd, ich bin gleich zurück." 55

Dann lief er in den Wald, um den fahrenden
Schüler aus dem Paradies zu fassen. Unser
Freund aber sprang auf das Pferd und galoppierte davon. Als der Bauer zurückkam, merkte
er, wem er das Pferd gegeben hatte und was 60
für ein Dummkopf er gewesen war. Zu Hause
fragte ihn seine Frau: „Warum kommst du
ohne dein Pferd zurück?" „Oh!" sagte ihr
Ehemann, „ich wollte mich nur überzeugen,
daß der junge Bursche den richtigen Weg 65
zum Paradies genommen hat. Das Pferd habe
ich ihm gegeben, damit er schneller dort
ankommt."

ÜBUNGEN

A. *Ist a, b oder c richtig?*

1. a. Der erste Ehemann der Bäuerin war vor drei Tagen gestorben.
b. Die Bäuerin hatte vor drei Tagen zum zweiten Mal geheiratet.
c. Die Bäuerin wollte nach dem Tod ihres Mannes nicht wieder heiraten.

2. a. Der fahrende Schüler stahl das Geld und den Mantel.
b. Er nahm weder die 100 Taler noch den Mantel.
c. Die Bäuerin gab ihm einen schweren Wintermantel und einen Geldbeutel.

3. a. Der Ehemann der Bäuerin wurde sehr ärgerlich, aber er tat nichts.
b. Er lachte über die Geschichte und blieb zu Hause.
c. Der Bauer nahm sein bestes Pferd und jagte dem fahrenden Schüler nach.

4. a. Als er den Reiter am Horizont sah, lief unser Freund in einen Busch.
b. Unser Freund zog seine Jacke aus und tat, als ob er auf dem Felde arbeite.
c. Er kletterte sofort auf einen Baum.

5. a. Der Bauer merkte nicht, wem er das Pferd gab.
b. Der Bauer wollte sein Pferd nicht einem Fremden geben.
c. Der fahrende Schüler sprang nicht auf das Pferd, weil er nicht reiten konnte.

6. a. Der Bauer sagte seiner Frau nicht, daß er dem
Schüler das Pferd gegeben hatte.

b. Er sagte zu ihr: „Ich habe dem fahrenden Schüler
das Pferd gegeben, damit er schneller ins Paradies
kommt."

c. Der Bauer sagte: „Ich bin zwei Meilen geritten,
aber ich habe den Schüler nicht mehr gesehen."

B. *Bilden Sie aus den folgenden Silben 14 Wörter, die Sie auf die
rechte Seite schreiben. Wenn Sie die ersten Buchstaben der
Wörter von 1 bis 14 lesen, dann wissen Sie, was der Bauer
über seine Frau denkt.*

ar – bei – dern – Dorf – Dumm – Ehe – er – et – Fen –
im – kopf – ler – Man – mann – men – mer – mit –
neh – Rei – ße – Schü – ser – ster – stra – tel – ten –
ten – ter – un – un – was – wi

1. Eine Straße in einem Dorf ist eine . . .	1) . . . .
2. Das deutsche Wort für „always"	2) . . . .
3. Synonym für das deutsche Wort „antworten"	3) . . . .
4. Eine der drei Personen der Geschichte	4) . . . .
5. Das deutsche Wort für „something"	5) . . . .
6. Ein nicht sehr intelligenter Mensch ist ein . . .	6) . . . .
7. Das deutsche Wort für „our"	7) . . . .

8. Man trägt ihn im Winter.

8) ....

9. Das deutsche Wort für „take something along"

9) ....

10. Eine andere Person aus unserer Geschichte

10) ....

11. Man kann es öffnen und schließen.

11) ....

12. Ein Mann, der auf einem Pferd sitzt, ist ein . . .

12) ....

13. Nicht jeder tut es gern.

13) ....

14. Der Keller ist in einem Haus nicht oben, sondern . . .

14) ....

Schlüssel: DIESE DUMME FRAU

1) Dorfstraße 2) immer 3) erwidern 4) Schüler
5) etwas 6) Dummkopf 7) unser 8) Mantel
9) mitnehmen 10) Ehemann 11) Fenster 12) Reiter
13) arbeiten 14) unten

C. *Kombinieren Sie die a- und b-Sätze. Beachten Sie die richtige Wortstellung.*

BEISPIEL:
  a. Eine Bäuerin sah aus dem Fenster.
  b. Sie hatte vor drei Tagen geheiratet.
a. & b. Eine Bäuerin, die vor . . ., sah aus dem Fenster.
    Eine Bäuerin, die vor drei Tagen geheiratet hatte, sah aus dem Fenster.

1. a. Ihr erster Ehemann hieß Heinrich.
   b. Er war vor drei Jahren gestorben.
a. & b. Ihr erster Ehemann, der vor . . ., hieß Heinrich.

2. a. Der Student erinnerte sich an einen Mann.

b. Er war krummbeinig und klein.

a. & b. Der Student erinnerte sich an einen Mann, der . . .

3. a. Die Bäuerin weinte.

b. Sie hatte ihren ersten Mann nicht vergessen.

a. & b. Die Bäuerin, die ihren . . ., weinte.

4. a. Die Bäuerin erzählte ihrem jetzigen Ehemann die Geschichte.

b. Er war vom Feld zurückgekommen.

a. & b. Die Bäuerin erzählte ihrem jetzigen Ehemann, der vom . . ., die Geschichte.

5. a. Der Bauer jagte dem fahrenden Schüler nach.

b. Er wollte das Geld und den Mantel zurückhaben.

a. & b. Der Bauer, der das . . ., jagte dem fahrenden Schüler nach.

6. a. Der Bauer gab ihm das Pferd.

b. Er kannte den Fremden nicht.

a. & b. Der Bauer, der . . ., gab ihm das Pferd.

7. a. Unser Freund galoppierte davon.

b. Er sprang sofort auf das Pferd.

a. & b. Unser Freund, der sofort . . ., galoppierte davon.

D. *Schreiben Sie den Infinitiv neben die folgenden Verbformen.*

BEISPIELE:
sah — **sehen**
kam — **kommen**
geheiratet — **heiraten**

1. rief **2.** erwiderte **3.** verstand **4.** sagte **5.** hieß
6. wollte **7.** antwortete **8.** besaß **9.** weinte **10.** holte
11. gab **12.** nahm **13.** erzählte **14.** jagte nach
15. warf **16.** zog **17.** tat **18.** erreichte **19.** hielt
20. sprang **21.** kam zurück **22.** merkte **23.** getroffen
24. gestorben **25.** gewesen **26.** vorbereitet **27.** gesehen **28.** gegeben **29.** gekommen **30.** gelaufen

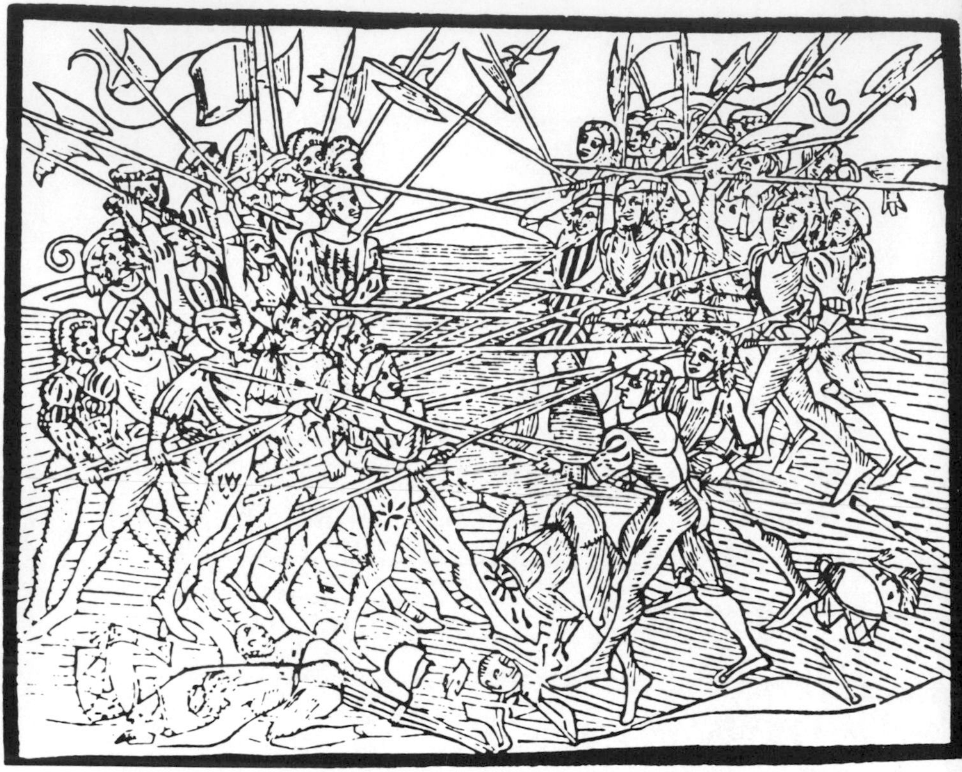

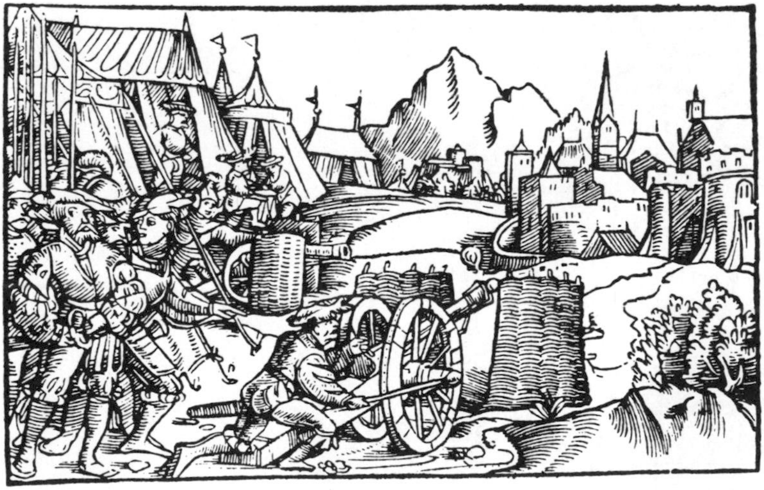

12 - Der Landsknecht und der Wirt

Landsknecht *mercenary*

Ein Landsknecht saß in einem Gasthaus bei einem Glase Wein, als er von einem Kaufmann hörte, daß auf der anderen Seite des Rheins ein Krieg angefangen hatte. „Da gibt es Arbeit
5 für mich", rief der Landsknecht, „dort braucht man Leute wie mich!"

Am nächsten Tag bezahlte er dem Wirt die Rechnung und sagte zu ihm: „Hier habe ich eine kleine Kiste, in der ich einige Sachen ver-
10 schlossen habe. Ich will die Kiste hier lassen. In wenigen Monaten werde ich wieder zurück sein und sie mir holen." Der Wirt lächelte und meinte: „Sorgen Sie sich nicht, die Kiste ist bei mir in guten Händen." Der Landsknecht
15 dankte dem Wirt und machte sich auf den Weg.

Kiste *chest*
verschlossen *locked up*

ist . . . in guten Händen
is . . . in good hands
machte sich auf den
Weg *started on his
way*

versteckte *hid*

Kaum war der Landsknecht aus dem Haus, da brach der Wirt die Kiste auf. Wie groß war seine Freude, als er sah, daß sie voll mit schweren Silbermünzen war. Schnell versteckte er sie und sagte keinem etwas davon. 20

So wahr mir Gott helfe
So help me God

Ein halbes Jahr später kam der Landsknecht zu dem Wirt zurück und fragte nach seiner Kiste. Aber der Wirt meinte: „So wahr mir Gott helfe, lieber Freund, ich weiß nichts von 25 einer Kiste. Suchen Sie in meinem ganzen Haus, Sie werden nichts finden."

Der Landsknecht merkte natürlich sofort,
daß der Wirt ihn betrogen hatte. Er packte den
30 fetten Mann und warf ihn aus dem Fenster.
„Suchen Sie draußen nach der Kiste, ich
werde es hier drinnen tun", rief der Landsknecht. Dann zerschlug er alle Stühle, Tische
und Schränke, die er in dem Hause finden
35 konnte.
Die Frau des Wirts hatte das alles gesehen
und schrie so laut um Hilfe, daß man den
wütenden Landsknecht ins Gefängnis brachte.

Nun hatte der Landsknecht nicht nur sein
40 Geld, sondern auch seine Freiheit verloren.
Gerade als er merkte, wie hoffnungslos seine
Lage war, stand plötzlich ein Herr mit einem
roten Hut und einem teuflischen Grinsen vor
ihm. Er sagte: „Ich will dir helfen, denn ohne
45 mich kannst du nicht aus dem Gefängnis
kommen." Der Landsknecht jedoch war mißtrauisch und meinte: „Das ist sehr freundlich
von Ihnen, aber was wollen Sie dafür haben?"
„Deine Seele, sonst nichts", antwortete der
50 Herr.
Nun wußte der Landsknecht, wer vor ihm
stand. Er sagte: „Ich fürchte den Teufel nicht,
aber meine Seele werde ich ihm nicht verkaufen." „Das ist schade", meinte der Teufel,
55 „aber ich will dir trotzdem helfen. Hab keine
Angst, in der Gerichtsverhandlung werde ich
neben dir stehen und dich verteidigen."
Der Tag der Gerichtsverhandlung war
gekommen. Der Landsknecht konnte nicht

betrogen *cheated*
packte *seized*

zerschlug *smashed to pieces*

wütend *furious*
Gefängnis *jail*

Freiheit *liberty*
hoffnungslos *hopeless*

ein teuflisches Grinsen *a devilish grin*

mißtrauisch *suspicious*

die Seele *soul*

das ist schade *that's too bad*

Gerichtsverhandlung *trial*
verteidigen *defend*

beweisen *prove*

bestätigte *confirmed*

Schweinestall *pigsty*

schwöre *swear*

auf der Stelle *straight away*

umsonst *for nothing*

zur Hölle fahren würde *would go to hell*

drehte ihm den Hals um *wrung his neck*

beweisen, daß er dem Wirt die Kiste mit den 60
Silbermünzen gegeben hatte. Jedoch die Frau
des Wirts bestätigte alles, was ihr Mann sagte.
Der Herr mit dem roten Hut hatte bis jetzt
noch kein Wort gesagt. Nun aber stand er auf
und fragte den Wirt: „Haben Sie nicht die Kiste 65
mit dem Geld im Schweinestall versteckt?"
„Nein, nein", rief der Wirt, „bei Gott, ich
schwöre, daß ich die Kiste nicht versteckt
habe! Wenn ich nicht die Wahrheit spreche,
dann mag mich der Teufel auf der Stelle holen." 70
Der Richter schickte schnell ein paar Männer
zum Schweinestall des Wirts. Sie kamen nach
kurzer Zeit mit der Kiste und den Silbermünzen zurück. Da grinste der Herr mit dem
roten Hut und meinte: „Der Teufel arbeitet 75
nicht umsonst, ich wußte, daß wenigstens einer
von euch beiden heute mit mir zur Hölle
fahren würde."

Dann sprang er zu dem Wirt und drehte
ihm vor allen Leuten den Hals um. 80

ÜBUNGEN

A. *Ist a, b oder c richtig?*

1. a. Der Landsknecht wollte dem Wirt die Rechnung
nicht bezahlen.

b. Der Landsknecht bezahlte die Rechnung mit
einer Kiste voller Silbermünzen.

c. Er bezahlte die Rechnung und wollte die Kiste
später holen.

2. a. Der Wirt erzählte seinen Freunden, daß er die Kiste im Schweinestall versteckt hatte.

b. Der Wirt verkaufte die Kiste.

c. Er versteckte die Kiste und sagte niemand etwas davon.

3. a. Der Landsknecht kam erst nach zwei Jahren zurück.

b. Sechs Monate später war er wieder beim Wirt und wollte seine Kiste haben.

c. Der Landsknecht kam niemals wieder zurück.

4. a. Der Landsknecht mußte ins Gefängnis, weil er die Frau des Wirts geschlagen hatte.

b. . . ., weil er dem Wirt ein Pferd gestohlen hatte.

c. . . ., weil er den Wirt aus dem Fenster geworfen und seine Tische und Stühle zerschlagen hatte.

5. a. Ein Fremder bot dem Landsknecht mit einem teuflischen Grinsen seine Hilfe an.

b. Ein freundlicher Herr mit einem grünen Hut wollte dem Landsknecht helfen.

c. Der Teufel kam zu dem Landsknecht, aber er bot ihm nicht seine Hilfe an.

6. a. Der Landsknecht konnte dem Richter sofort beweisen, daß ihm die Kiste gehörte.

b. Die Frau des Wirts bestätigte nicht alles, was ihr Mann gesagt hatte.

c. Erst als man die Kiste im Schweinestall des Wirts gefunden hatte, war es klar, wer die Unwahrheit gesagt hatte.

B. *Ersetzen Sie die schräggedruckten Ausdrücke durch die folgenden Synonyme.*

Ein Landsknecht saß in einem Gasthaus, . . .
Ein Landsknecht saß in einem Wirtshaus, . . .

aber / angefangen / daher / er bot . . . seine Hilfe an / man sagte ihm / fetten / fürchte nicht den / gerade / kam / Lage / lieber / mehrere / merkte / natürlich / nächsten / nicht die Wahrheit / plötzlich / sechs Monate / selbstverständlich / sofort / Teufel / trotzdem / war . . . in der Lage zu / war mißtrauisch / weiß nichts / Wirtshaus

Ein Landsknecht saß in einem *Gasthaus*, als *man ihm erzählte*, daß auf der anderen Seite des Rheins ein Krieg *begonnen* hatte.

Am *folgenden* Tag bezahlte der Landsknecht seine Rechnung und fragte den Wirt: „Kann ich diese Kiste *einige* Monate hier lassen?" „*Natürlich*", antwortete der Wirt.

Ein *halbes Jahr* später *kehrte* der Landsknecht in das Wirtshaus zurück.

„*Guter* Freund", sagte der Wirt, „ich *habe keine Ahnung* von einer Kiste."

Der Landsknecht *sah selbstverständlich sogleich*, daß der Wirt ihn betrogen hatte. Wütend packte er den *dicken* Mann und warf ihn aus dem Fenster.

Nun mußte der Landsknecht in das Gefängnis. *In dem Augenblick*, als er merkte, wie hoffnungslos seine *Situation* war, stand *auf einmal* ein fremder Herr mit einem teuflischen Grinsen vor ihm. Er *wollte* dem Landsknecht *helfen*.

Jedoch der Landsknecht *traute ihm nicht.* Und bald merkte er, daß der Fremde niemand anderes war als der Teufel. „Ich *habe keine Angst vor dem Satan"*, meinte der Landsknecht, „doch meine Seele verkaufe ich nicht."

„Ich werde dir *dennoch* helfen", sagte der Fremde.

Am Tage der Gerichtsverhandlung *konnte* der Teufel beweisen, daß der Wirt *die Unwahrheit* gesagt hatte. Er drehte *deshalb* dem Wirt den Hals um und fuhr mit ihm zur Hölle.

C. *Üben Sie die Aussprache der folgenden Wörter.*

Landsknecht, Rechnung, ich spreche, mich, sich, nicht, nichts, dich, euch, natürlich, plötzlich, Gerichtsverhandlung, ich fürchte, er lächelte, sicherlich, gleich, er erreichte, Geschichte.

Er braucht, er brach, ich brachte, nach, auch, jedoch, sie machten, Sachen, ach, er lachte, Nachbar, Nacht.

Wein, wieder, er will, Wirt, wie, Weg, war, wahr, er weiß, werden, ich warf, wütend, was, wollen, er wußte, Wort, wann, wenn, Wahrheit, wenigstens, Wagen.

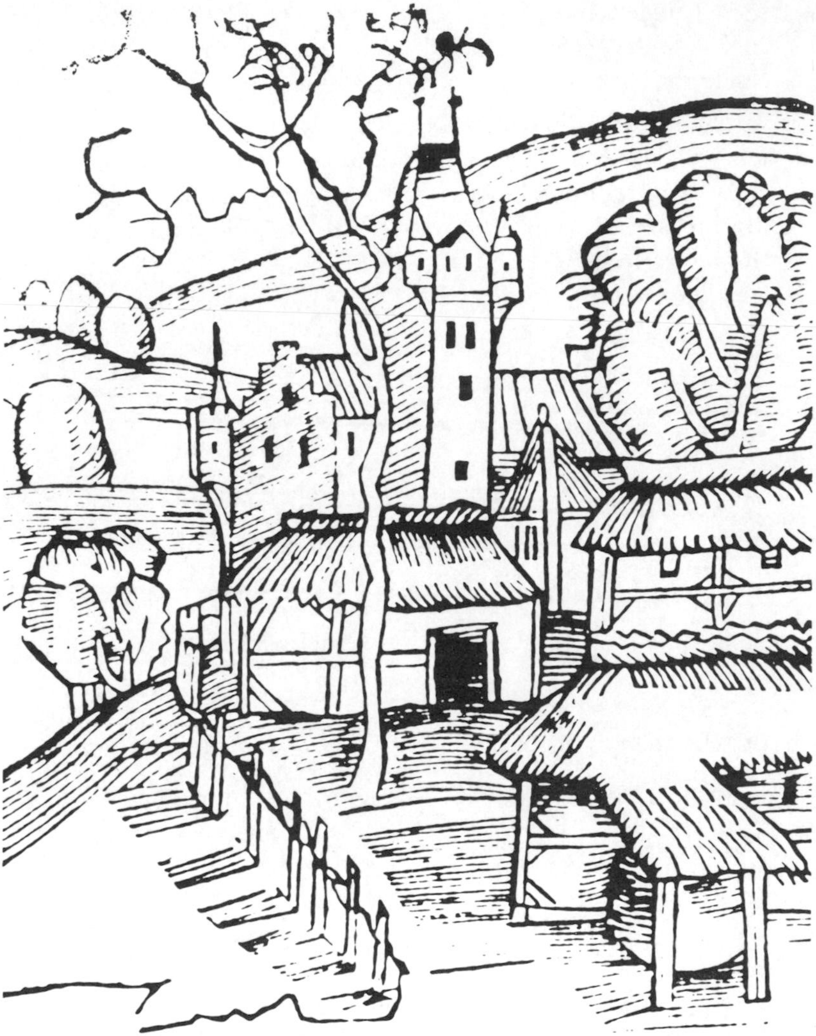

13 - Der einbeinige Kranich

einbeinig *one-legged*

Ein Edelmann war mit einigen Freunden auf die Jagd gegangen. Sie hatten zwölf Enten und einen besonders schönen Kranich geschossen. Als die Herren zurückgekehrt waren, gab der
5 Edelmann seinem Koch den Kranich und sagte: „Meine Gäste freuen sich schon auf das gute Essen. Zeige ihnen, daß du ein Meister in deinem Fach bist." „Ja, Herr", antwortete der Koch und eilte in die Küche, um sofort
10 mit der Arbeit zu beginnen.

der Edelmann *nobleman*
auf die Jagd gehen *go hunting*

63

knusprig *crisp*

nun gut *alright*

hilf dir Gott *God help you*

ja *as a matter of fact*

der Zorn *anger*

Eine Stunde später brachte er den braunen und knusprigen Kranich auf den Tisch seines Herrn. Alle Gäste lobten den Koch. Plötzlich aber merkte der Edelmann, daß der Kranich nur ein Bein hatte. Ärgerlich fragte er den Koch: „Wo ist das zweite Bein?" „Ich weiß es wirklich nicht", antwortete der Koch, „ich habe immer geglaubt, daß Kraniche nur ein Bein haben." „Nun gut", meinte der Edelmann, „am ersten Samstag im Mai werde ich dich zu dem großen See mitnehmen. Dort kannst du mir deine einbeinigen Kraniche zeigen. Aber hilf dir Gott, wenn sie zwei Beine haben!"

In den folgenden Nächten schlief der Koch nicht besonders gut, denn er wußte natürlich, daß Kraniche normalerweise zwei Beine haben. Er selbst hatte ja eins der knusprigen Beine in der Küche aufgegessen. Und jetzt hatte er selbstverständlich Angst vor dem Zorn des Edelmannes.

Der erste Samstag im Mai war gekommen.
Der Edelmann ging wieder mit seinen Freunden
auf die Jagd, und diesmal mußte der Koch die
35 Herren begleiten. Als sie zu dem großen See
kamen, sahen sie einen großen Kranich im
flachen Wasser. Er stand auf einem Bein, wie
das die meisten dieser Vögel tun, wenn sie sich
ausruhen. Schnell rief der Koch: „Sehen Sie,
40 der Kranich dort hat auch nur ein Bein!"
Der Edelmann lächelte, dann klatschte er in die
Hände. Sofort nahm der Vogel das zweite Bein
aus seinem Gefieder und flog davon. „Mein
guter Freund", meinte der Edelmann, „was
45 sagst du nun?"

„Lieber Herr", antwortete jetzt der Koch,
„wenn Sie auch bei dem ersten Kranich in
die Hände geklatscht hätten, dann hätte er
sicherlich auch zwei Beine gehabt."
50 Der Edelmann und die anderen Herren
mußten über die witzige Antwort des Kochs
lachen, und der Koch kam ohne Strafe davon.

begleiten *accompany*

flach *shallow*

sich ausruhen *rest*

er klatschte in die
Hände *he clapped his
hands*

das Gefieder *plumage*

wenn sie . . . geklatscht
hätten, dann hätte
er sicherlich *if you
had clapped your
hands, it would
certainly*

kam ohne Strafe davon
*got away without
punishment*

65

ÜBUNGEN

A. *Ergänzen Sie die folgenden Sätze.*

1. Der Edelmann und seine Freunde hatten nicht 12 Kraniche und eine Ente geschossen, sondern . . .
2. Der Kranich, den der Koch auf den Tisch brachte, war knusprig, aber ihm fehlte . . .
3. Das merkten nicht die Gäste, sondern . . .
4. Der Edelmann und seine Freunde gingen im Mai wieder zur Jagd, jedoch diesmal mußte . . .
5. Am See stand ein großer Kranich nicht auf zwei Beinen im Wasser, sondern . . .
6. Über die witzige Antwort des Kochs mußten sowohl der Edelmann als auch . . . lachen.

B. *Bilden Sie den Plural folgender Substantive.*

BEISPIELE:
die Ente — **die Enten**
der Koch — **die Köche**

1. die Küche 2. das Bein 3. der Tisch 4. die Stunde 5. die Nacht 6. der Gast 7. der Herr 8. der Freund 9. die Hand 10. die Antwort 11. der Koch 12. die Ente

C. *Setzen Sie die Verben vom Präsens ins Präteritum.*

1. er weiß 2. er kommt 3. er schläft 4. er glaubt 5. er antwortet 6. er schießt 7. er hat 8. er steht 9. er lacht 10. er ruft

Setzen Sie die folgenden Sätze in die richtige Reihenfolge.

1. Der Koch eilte in die Küche und begann mit der Arbeit.
2. Aber der Edelmann wurde sehr ärgerlich, als er sah, daß ein Bein des Vogels fehlte.
3. Ein Edelmann und seine Freunde hatten 12 Enten und einen Kranich geschossen.
4. „Das ist einer dieser einbeinigen Vögel", rief der Koch.
5. Alle Gäste lobten ihn.
6. Als sie von der Jagd zurückgekommen waren, gab der Edelmann dem Koch den Kranich.
7. „Hätten Sie bei dem ersten Kranich auch in die Hände geklatscht, dann hätte er auch zwei Beine gehabt", rief der Koch.
8. „Nun", meinte der Edelmann, „was sagst du jetzt?"
9. Wenige Wochen später mußte der Koch seinen Herrn begleiten.
10. Der Koch sagte: „Entschuldigen Sie, aber der Kranich hatte nur ein Bein."
11. Als der Kranich knusprig in der Pfanne lag, aß er ein Bein des Vogels auf.
12. Sie sahen einen Kranich, der auf einem Bein stand.
13. Der Edelmann meinte darauf: „Im Mai kommst du mit zu dem großen See. Dort kannst du mir deine einbeinigen Kraniche zeigen."
14. Danach brachte der Koch den Kranich auf den Tisch seines Herrn.
15. Der Edelmann klatschte in die Hände, und der Kranich nahm sein zweites Bein aus dem Gefieder.

E. *Bilden Sie aus den folgenden Silben 17 Wörter. Wenn Sie die ersten Buchstaben der Wörter von 1 bis 17 lesen, dann wissen Sie, was den Koch vor einer Strafe gerettet hat.*

al – bei – de – der – Don – ein – En – essant –
fen – fie – Ge – ge – gen – ih – im – in – ken – le –
mal – mer – ne – nen – ners – nig – nor – oh –
ru – sen – sen – ser – Ta – tag – Tas – ter – trin – Was–
wis – zei

1. Name eines Wochen-
   tages
2. Mein Vater und mein
   Bruder arbeiteten. Ich
   habe . . . geholfen.
3. Oft stehen Kraniche
   nur auf einem Bein.
   Man kann dann glau-
   ben, daß sie . . . sind.
4. Infinitiv von „gewußt"
5. Das deutsche Wort für
   „interesting"
6. Sie tranken ihren Tee
   aus zwei . . .
7. Der Edelmann meinte:
   „Am See kannst du
   mir deine einbeinigen
   Kraniche . . .
8. Das deutsche Wort für
   „always"
9. Der Kranich nahm
   sein zweites Bein aus
   dem . . .

1) . . . .
2) . . . .
3) . . . .
4) . . . .
5) . . . .
6) . . . .
7) . . . .
8) . . . .
9) . . . .

10. Die meisten Dinge haben einen Anfang und ein . . .

10) . . . .

11. Nicht nur *ein* Gast, sondern . . . Gäste lobten den Koch.

11) . . . .

12. Das deutsche Wort für „normal"

12) . . . .

13. Die meisten Leute schlafen in der Nacht, einige aber auch am . . .

13) . . . .

14. Der Kranich stand auf einem Bein im . . .

14) . . . .

15. Der Koch kam . . . Strafe davon.

15) . . . .

16. Der Infinitiv von „rief"

16) . . . .

17. Einen knusprigen Kranich kann man essen, aber ein Glas Wein muß man . . .

17) . . . .

Schlüssel: DIE WITZIGE ANTWORT

1) Donnerstag 2) ihnen 3) einbeinig 4) wissen 5) interessant 6) Tassen 7) zeigen 8) immer 9) Gefieder 10) Ende 11) alle 12) normal 13) Tage 14) Wasser 15) ohne 16) rufen 17) trinken

14 - Ein junger Schäfer, drei Brüder und elf Pferde

Ein armer Schäfer wurde eines Tages zu seinem Herrn gerufen, der zu ihm sagte: „Nimm eins meiner Pferde, reite in die Stadt und kaufe 100 Pfund Salz." „Ja, Herr", antwortete der Junge und machte sich auf den 5 Weg.

machte sich auf den Weg *started on his way*

Als er auf den Marktplatz der Stadt kam,
sah er drei junge Leute, die elf besonders schöne
Pferde verkaufen wollten. Der Schäfer fragte
10 einen von ihnen: „Warum verkauft ihr die
schönen Pferde?" „Wir müssen sie verkaufen",
antwortete ihm der junge Mann, „denn niemand kann uns sagen, wie wir die Pferde teilen

*wie wir ... teilen
sollen how we shall
divide*

sollen. Unser Vater ist vor zwei Monaten

vor ago

15 gestorben und hat uns 11 Pferde hinterlassen.

hinterlassen left

Im Testament steht, daß der älteste Sohn die
Hälfte, der zweite ein Viertel und der jüngste

ein Viertel a quarter

ein Sechstel der Pferde erbt. Aber wie kann

*ein Sechstel a sixth
erbt inherits*

man 11 Pferde in dieser Weise teilen, ohne sie
20 zu töten oder zu verkaufen? Und niemand will
uns hier den Preis zahlen, den sie wirklich wert
sind." „Nun", meinte der junge Schäfer,
„vielleicht kann ich euch helfen, aber ich werde
das nur tun, wenn ihr mein Pferd für 99 Taler
25 kauft." Die drei waren einverstanden und

einverstanden agreed

zahlten dem Jungen das Geld. „Seht", sagte
jetzt der Schäfer, „ihr habt nun 12 Pferde.
Der älteste von euch bekommt die Hälfte, das
sind 6, der zweite ein Viertel, das sind drei, und
30 der jüngste ein Sechstel, das sind zwei Pferde."

übriggeblieben war
was left over

Jetzt war die Freude der drei Brüder groß. Schnell nahm jeder seinen Teil der Pferde und ritt davon. Keiner von ihnen merkte jedoch, daß das zwölfte Pferd übriggeblieben war, auf dem nun der junge Schäfer heimritt. Zu 35 Hause brachte er seinem Herrn die hundert Pfund Salz und gab ihm das Pferd zurück, aber von den 99 Talern sagte er ihm kein Wort.

ÜBUNGEN

A. *Richtig oder falsch?*

1. Ein junger Schäfer mußte 100 Pfund Salz für seinen Herrn kaufen.

2. Als der Junge auf den Marktplatz der Stadt kam, sah er die drei Brüder.

3. Die Pferde, die die drei Brüder verkaufen wollten, waren nicht besonders schön.

4. Sie wußten nicht, wie sie die Pferde teilen sollten, da ihr Vater kein Testament hinterlassen hatte.

5. Der Schäfer teilte die Pferde. Er bekam dafür 99 Taler, aber er verlor das Pferd seines Herrn.

6. Er sagte seinem Herrn nichts von dem Geld.

7. Das Salz hatte er in der Stadt vergessen.

B. *Kombinieren Sie die a- und b-Sätze. Beachten Sie die richtige Wortstellung.*

BEISPIEL:
a. Der Junge ritt in die Stadt.
b. Er wollte 100 Pfund Salz kaufen.
Der Junge, der . . ., wollte 100 Pfund Salz kaufen.
Der Junge, der in die Stadt ritt, wollte 100 Pfund Salz kaufen.

1. a. Auf dem Marktplatz sah er drei junge Leute.
b. Sie wollten 11 schöne Pferde verkaufen.
Auf dem Marktplatz sah er drei junge Leute, die . . .

2. a. Sie sagten: „Unser Vater hat uns 11 Pferde hinterlassen.
b. Er ist vor zwei Monaten gestorben.“
Sie sagten: „Unser Vater, der . . ., hat uns 11 Pferde hinterlassen.“

3. a. Der Schäfer wollte den drei Brüdern helfen.
   b. Sie konnten die Pferde nicht teilen.
   Der Schäfer wollte den drei Brüdern, die . . .,
   helfen.

4. a. Die drei jungen Leute ritten ohne das zwölfte
   Pferd fort.
   b. Das zwölfte Pferd war übriggeblieben.
   Die drei jungen Leute ritten ohne das zwölfte
   Pferd, das . . ., fort.

5. a. Der Junge sagte von den 99 Talern kein Wort.
   b. Er gab das Salz und das Pferd seinem Herrn.
   Der Junge, der . . ., sagte von den 99 Talern kein
   Wort.

6. a. Der junge Schäfer ist später ein reicher Mann
   geworden.
   b. Er kaufte sich für die 99 Taler zehn kleine Schafe.
   Der junge Schäfer, der sich . . ., ist später ein
   reicher Mann geworden.

C. *Ergänzen Sie die fehlenden Wörter in den b-Sätzen. In den a-Sätzen folgt der Akkusativ, in den b-Sätzen der Dativ.*

Nach den Präpositionen in, auf, zwischen, neben, über, vor, unter, hinter, an kann der Akkusativ oder der Dativ folgen.

Beispiel:

a. Ein Schäfer ritt mit dem Pferd *in* die Stadt.
b. Nach zwei Stunden war er dort angekommen und trank *in* . . . (ein Gasthaus) ein Glas Wein.
Nach zwei Stunden war er dort angekommen und trank in einem Gasthaus ein Glas Wein.

1. a. Die drei Brüder brachten ihre Pferde *auf* den Marktplatz.
   b. Am Nachmittag standen sie immer noch *auf* . . . (der Marktplatz).

2. a. Er ging *an* die Stelle, wo die Brüder mit ihren Pferden auf einen Käufer warteten.
   b. Sie standen *an* . . . (eine Ecke) des Marktplatzes.

3. a. Der Schäfer stellte sein Pferd *zwischen* die 11 Pferde der drei Brüder.
   b. Die Pferde wollte er nun *zwischen* . . . (sie) verteilen.

4. a. Jeder der drei jungen Leute trat nun *neben* die Pferde, die ihm der Schäfer gegeben hatte.
   b. Aber niemand stand *neben* . . . (das 12. Pferd).

5. a. Der Schäfer steckte die 99 Taler in seine Tasche und ritt *über* eine Brücke aus der Stadt.
   b. An diesem Tag war es sehr heiß, weil die Sonne hoch *über* . . . (er) stand.

6. a. Der Herr des Jungen war *vor* das Haus gegangen und wartete auf ihn.

   b. Er war sehr froh, als der Sack mit dem Salz *vor* . . . (er) stand.

7. a. Der junge Schäfer aber lief in seine Hütte und legte das Geld *unter* einen Stein.

   b. *Unter* . . . (der Stein) konnte es niemand finden.

8. a. Einige Tage später brachte er zehn kleine Schafe *hinter* seine Hütte.

   b. Sie blieben in dem Garten *hinter* . . . (seine Hütte).

D. *Wandeln Sie die folgenden Sätze in das Passiv um.*

BEISPIEL:

Der Herr rief seinen jungen Schäfer.

Der junge Schäfer wurde von seinem Herrn gerufen.

1. a. Der Junge ritt das Pferd.

   b. . . . . . . wurde von . . . . . . geritten.

2. a. Der Schäfer fragte den ältesten Bruder.

   b. . . . . wurde von . . . . . . gefragt.

3. a. Der Vater hinterließ ein Testament.

   b. . . . . . . wurde von . . . . . . hinterlassen.

4. a. Sie gaben dem Jungen das Geld.

   b. . . . . . . wurde dem Jungen von . . . gegeben.

5. a. Er kaufte einen Sack Salz.

   b. . . . . wurde von . . . gekauft.

6. a. Er versteckte die 99 Taler.

   b. . . . . wurden von . . . versteckt.

15 - Der Landsknecht und der Lehrling

der Landsknecht *mercenary*
der Lehrling *apprentice*

Ein Landsknecht mit einem feuerroten Bart und wilden Augen kam in eine kleine Stadt. Er ging in den Laden des Barbiers und rief: „Meister, können Sie mich rasieren, ohne

der Bart *beard*

der Barbier *barber*

mich zu schneiden?" „Ja, ich bin ziemlich 5
sicher, daß ich das kann", meinte der
Barbier.

„Diesen Beutel mit Silbermünzen will ich
Ihnen dafür geben", sagte der Landsknecht,
„wenn aber nur ein Tropfen Blut fließt, dann 10
werde ich Sie mit meinem Dolch töten!"

Der Barbier bekam Angst, er wollte sein
Leben nicht riskieren und sagte: „Entschuldi-
gen Sie, mein Herr, ich bin zu alt und meine
Hand zittert, vielleicht versucht es ein anderer." 15
Aber keiner hatte den Mut, den wilden Lands-
knecht zu rasieren. Nur ein Lehrjunge meinte:
„Gut, ich mache es." „Was", lachte der Lands-
knecht, „du Knirps hast keine Angst, dein
Leben zu verlieren?" 20

„Nein", antwortete der Lehrjunge und fing
sofort mit der Arbeit an. Keine Sekunde zitterte
seine Hand. Er rasierte den Landsknecht, ohne
ihn zu schneiden, und nach 10 Minuten war
der Bart ab. Der Landsknecht sah in den 25
Spiegel und meinte: „Das hast du gut gemacht.
Hier ist der Beutel mit dem Geld für dich.
Aber jetzt sage mir, warum hattest du keine
Angst? Dein Leben stand auf dem Spiel!"
„Nun", meinte der Lehrling, „das glaube ich 30
nicht, denn ich hatte das Messer an Ihrer Kehle.
Nicht mein Leben war in Gefahr, Sie mußten
zittern."

Diesmal bekam der Landsknecht Angst, er
meinte: „Daran habe ich nicht gedacht. 35
Aber in Zukunft werde ich diese Lehre nicht
vergessen."

---

der Tropfen *drop*
der Dolch *dagger*
bekam Angst *got
frightened*

zittert *trembles*

der Knirps *urchin, runt*

Dein Leben stand auf
dem Spiel. *Your life
was at stake.*
die Kehle *throat*

in Zukunft *in the
future*
die Lehre *lesson*

ÜBUNGEN

A. *Berichtigen Sie den Inhalt folgender Sätze.*

1. Der Landsknecht hatte einen schwarzen Bart.
2. Der Meister wollte sein Leben riskieren.
3. Dem Lehrjungen zitterte die Hand.
4. Nach 20 Minuten war der Bart ab.
5. Der Landsknecht gab dem Jungen das Geld nicht.
6. Der Landsknecht wollte die Lehre vergessen.

B. *Setzen Sie die folgenden Präpositionen richtig ein:* **an, auf, in, mit, über, vor.**

1. Ein Landsknecht . . . einem feuerroten Bart kam . . . eine kleine Stadt.
2. Der Landsknecht stellte den Beutel . . . den Silbermünzen . . . den Tisch.
3. Keiner wollte ihn . . . einem scharfen Messer rasieren.
4. Sie hatten . . . dem Landsknecht . . . den wilden Augen Angst.
5. Der Landsknecht saß . . . dem Stuhl, und der Junge rasierte ihn . . . sicherer (*steady*) Hand.
6. Zum Schluß sah der Landsknecht . . . den Spiegel.
7. Er meinte: „Dein Leben stand . . . dem Spiel."
8. Aber der Junge antwortete: „Das Messer . . . meiner Hand war . . . Ihrer Kehle."
9. Der Landsknecht erschrak . . . die Worte des Jungen.
10. Er legte ihm den Beutel . . . den Silbermünzen . . . die Hand und sagte: „Ich werde diese Lehre nicht vergessen."

Bürger, Meister und Lehrling

Ein Bürger kommt nachmittags in den Laden des Barbiers und fragt nach dem Meister.

BÜRGER: Ich habe gehört, daß heute morgen
ein Landsknecht in Ihrem Laden war.

MEISTER: Ja, das stimmt.   das stimmt *that's correct*

BÜRGER: Sah er sehr wild aus?

5 MEISTER: Oh ja, sein Bart war rot wie Feuer,
und er hatte einen Kopf wie ein Stier. Die der Stier *bull*
Tür meines Ladens war fast zu klein für
ihn. Ich sah neben ihm wie ein Zwerg aus. der Zwerg *dwarf*

BÜRGER: Warum haben Sie ihn nicht rasiert?

10 Er hatte Ihnen viel Geld angeboten.   anbieten *offer*

MEISTER: Ich hatte Angst vor dem Dolch.

BÜRGER: Und Ihr Lehrjunge?

MEISTER: Fragen Sie ihn selbst. — Karl, komm
mal her, der Herr will dich etwas fragen.

15 LEHRLING: Ja, Meister.

BÜRGER: Hast du den Landsknecht rasiert?

LEHRLING: Ja, mein Herr.

BÜRGER: Und warum hattest du keine Angst?

LEHRLING: Mein Messer war an der Kehle des

20 Landsknechts. Nicht <u>mein</u> Leben stand auf
dem Spiel.

MEISTER: Karl ist ein mutiger und kluger
Junge.

BÜRGER: Er muß auch eine sichere Hand haben, sicher *steady*

25 wenn er die Leute rasiert.

MEISTER: Selbstverständlich.

BÜRGER: Nun, dann mag er mich auch rasieren.
Aber vergiß nicht, mein Junge, ich habe
keinen Dolch, und ich werde kein Wort

30 sagen, wenn du mich schneidest.

82

16 - Die drei gekochten Eier

In einem Gasthaus in Köln bestellte morgens ein Kaufmann drei gekochte Eier. Aber bevor er die Eier essen und bezahlen konnte, mußte er plötzlich in eine andere Stadt reiten, um ein wichtiges Geschäft abzuschließen.

5   Erst zwei Jahre später war er wieder in Köln. Er ging zu dem Wirt und sagte: „Vor einiger Zeit bestellte ich in Ihrem Gasthaus drei Eier. Damals war ich so sehr in Eile, daß 10 ich meine Rechnung nicht mehr bezahlen konnte. Sagen Sie mir nun bitte, wieviel ich Ihnen schulde."

um ein wichtiges Geschäft abzuschließen in order to make an important deal

so sehr in Eile so pressed for time

. . . ich Ihnen schulde I owe you

Der Wirt nahm einen Bleistift und rechnete:
„Sie haben vor zwei Jahren drei Eier nicht
bezahlt. Aus diesen drei Eiern wären drei 15
Hühner geworden. Diese Hühner hätten in sechs
Monaten 300 Eier gelegt. Aus den 300 Eiern
wären wieder 300 Hühner geworden, die in
einem halben Jahr 30 000 Eier gelegt hätten.
Jetzt schulden Sie mir daher den Preis von 20
30 000 Eiern." Der Kaufmann wollte natürlich diese hohe Summe nicht zahlen. Er fragte
den Wirt: „Glauben Sie wirklich, daß ich so
dumm bin, Ihnen eine solche Rechnung zu
bezahlen?" „Nun", meinte der Wirt, „der 25
Richter wird Sie dazu zwingen."

Am nächsten Tag mußte der Kaufmann
zum Richter kommen, der zu ihm sagte: „Der
Wirt behauptet, daß Sie ihm den Preis von
30 000 Eiern schulden. Kommen Sie morgen 30
um 10 Uhr hierher, dann werde ich Ihren
Fall entscheiden."

Der Kaufmann sah nun, daß er in einer
schwierigen Lage war. Zuerst wollte er schnell
aus der Stadt reiten, aber dann fiel ihm ein, 35

Margin glosses:

wären ... geworden
would have hatched
hätten gelegt *would
have laid*

... wird Sie dazu
zwingen ... *will
force you to do it*

behauptet *maintains*

Ihren Fall entscheiden
settle your case

... fiel ihm ein ...
occurred to him

Der Richter setzt mir einen tag.
Das ich mein Recht volfüren mag.

E. *Kombinieren Sie die Sätze, verwenden Sie die schräggedruckten Wörter.*

Der Kaufmann bezahlte die Eier nicht. / *weil*
Er mußte plötzlich in eine andere Stadt reiten.
Der Kaufmann bezahlte die Eier nicht, weil er plötzlich in eine andere Stadt reiten mußte.

1. Er ging zu dem Wirt. / *als*
   Er war zwei Jahre später wieder in Köln.
2. Der Kaufmann mußte zu dem Richter kommen. / *da*
   Er wollte den hohen Preis nicht bezahlen.
3. Der Freund des Kaufmanns wollte ihm helfen. / *weil*
   Der Wirt hatte schon viele seiner Gäste betrogen.
4. Der Richter wollte den Fall entscheiden. / *als*
   Der Kaufmann sagte zu ihm:
5. „Bitte warten Sie noch einen Augenblick. / *bis*
   Mein Freund kommt aus der Stadt."
6. Der Richter verstand den Hinweis. / *da*
   Er war ein kluger Mann.

17 - Der Schwank

lustig *funny, amusing*

das Fell über die
Ohren ziehen *skin or
fleece a person*
hält . . . zum Narren
makes a fool of

das Jahrhundert
century

Der Schwank ist eine lustige Erzählung, in
der meist ein geschickter und witziger Bursche
einem Einfältigen das Fell über die Ohren zieht.
So hält der fahrende Schüler die Bäuerin und
den Bauern zum Narren, die Magd ihren 5
Herrn, die Studenten den Wirt, der arme
Bauernjunge den Polizisten oder der Räuber
den Kaufmann. Immer lacht man über die
Dummheit des einen und den Witz des anderen.
Schwänke erzählt man sich seit vielen Jahr- 10
hunderten in Deutschland. Ein großer Teil

von ihnen entstand gegen Ende des Mittelalters. Besonders im 15. und 16. Jahrhundert wurden viele dieser Geschichten gesammelt.

15 Kaum ein literarisches Genre hat in den letzten 500 Jahren so viele Leser angezogen wie der Schwank. Immer wieder wurden diese Geschichten erzählt und auch von manchen der anonymen Erzähler verändert. Häufig lassen

20 sich dreißig oder vierzig verschiedene Fassungen eines Schwankes finden. Das ist sicherlich ein Beweis für die Lebendigkeit dieser Überlieferung. Und fast in jedem deutschen Lesebuch für die jüngeren Schüler sind diese

25 lustigen Erzählungen vertreten.

Der Schwank beschreibt die Leute auf den Marktplätzen, in den Dorfschenken und Bauernhäusern. Die höfischen Sitten oder das Leben der Edelleute kann und will der Schwank nicht

30 darstellen. Er gehört zu der realistischen und volkstümlichen Literatur, die mit der Satire verwandt ist.

Die Figuren des Schwanks haben keine Namen. Sie treten auf als der Bauer, der Bürger,

35 der Mönch oder der fahrende Schüler. Sie sind Typen, die die verschiedenen Stände und Berufe repräsentieren.

Besonders interessant ist es natürlich, die Überlieferung der Schwänke zurückzuverfolgen.

40 gen. So wurde zum Beispiel die Geschichte vom einbeinigen Kranich bereits im 13. Jahrhundert erzählt. Noch älter ist aber der Schwank von der Magd und den zwei Hühnchen, der ja eine gewisse Ähnlichkeit mit der

45 Geschichte vom einbeinigen Kranich hat.

---

entstand *came into being*
das Mittelalter *Middle Ages*

angezogen *attracted*

lassen sich ... finden *can be found*
die Fassung *version*

die Überlieferung *tradition*
das Lesebuch *reader*

vertreten *represented*

beschreibt *depicts*
die Dorfschenke *village inn*
die höfischen Sitten *the courtly manners*

darstellen *depict*

volkstümlich *popular*
mit ... verwandt *related to*

treten auf *appear*

der Stand *class*

zurückverfolgen *trace back*

bereits *already*

die Ähnlichkeit *similarity*

91

ursprünglich *originally*

etwas anders *somewhat different*

überrascht werden *be taken by surprise*
das Verhältnis *affair*

das Gedicht *poem*

Tausendundeine Nacht *Arabian Nights*

die Quelle *source*
aus ... stammen *originate from*

... entwickelte sich *developed*

der Beitrag *contribution*
beträchtlich *considerable*

Ursprünglich erzählte man diesen Schwank etwas anders. Nicht die Magd aß das Hühnchen, sondern die Hausfrau. Und der Gast war kein Fremder, sondern der Pfarrer, der nicht von dem Hausherrn überrascht werden wollte, 50 weil er ein Verhältnis mit der Hausfrau hatte. In dieser Form finden wir die Geschichte schon in einem französischen Gedicht des 12. Jahrhunderts. Und in ähnlicher Form kann man die Erzählung bereits in *Tausendundeine* 55 *Nacht* lesen.

Dieses Beispiel mag zeigen, daß einige der Schwänke aus ganz alten Quellen stammen. Ihr Weg ging häufig vom Orient über Italien, Frankreich oder Spanien nach Deutschland. 60 Hier entwickelte sich diese Tradition besonders erfolgreich. Es gibt keinen Zweifel, daß die deutschen Beiträge zu diesem literarischen Genre ganz beträchtlich waren.

Fragen

1. Was ist ein Schwank?
2. Wann entstand ein großer Teil der Schwänke?
3. Wie viele Fassungen kennen wir von manchen Schwänken?
4. Was beweist die Lebendigkeit ihrer Überlieferung?
5. Was wird in den Schwänken beschrieben?
6. Zu welcher Art von Literatur gehört der Schwank?
7. Welche Geschichte wurde schon im 12. Jahrhundert erzählt?
8. Erzählte man den Schwank von der Magd und den zwei Hühnchen immer in der gleichen Form?
9. Auf welchem Weg kamen einige dieser Geschichten vom Orient nach Deutschland?
10. Wo entwickelte sich das literarische Genre des Schwanks besonders erfolgreich?

Vokabular

A hyphen (-) indicates repetition of the noun. The genitive singular and nominative plural of masculine and neuter nouns are indicated, but only the nominative plural of feminine nouns. If masculine or neuters are followed by only one form, no plural exists, or the plural form is uncommon. If feminine nouns are followed by no form, no plural exists, or the plural form is uncommon.

The stem vowel changes of irregular and strong verbs are indicated following the infinitive. The vowels given are those found in the third person singular present indicative, past indicative and past participle.

Separable prefix verbs are indicated by a slash (/) between the prefix and stem.

Abbreviations

sg. singular
pl. plural
dat. dative
acc. accusative

A

ab off

der **Abend, -s, -e** evening, night

das **Abendessen, -s, -** dinner; **jemanden zum Abendessen erwarten** to expect someone for dinner

aber but, however

ab/schneiden, ei, i, i to cut off

der **Abt, -(e)s, ⸚e** abbot

ach oh, alas

acht eight

ähnlich similar

die **Ähnlichkeit, -en** similarity

die **Ahnung, -en** presentiment; **keine Ahnung haben** to have no idea

der **Akkusativ, -(e)s, -e** the accusative

alle all

allein alone, by itself

alles everything, all

als when, as, than; **als ob** as if, as though; **so tun, als ob man arbeitet** to pretend to be working

also therefore, then, so

alt, älter, ältest old

am = an dem

an on, at

an/bieten, ie, o, o to offer

ander other

ändern to change

anders different

der **Anfang, -s, ⸚e** beginning

an/fangen, ä, i, a to begin, start

die **Angewohnheit, -en** habit; **die Angewohnheit haben** to be in the habit of

die **Angst, ⸚e** fear, anxiety, fright; **Angst haben vor** to be afraid of; **Angst bekommen** to be frightened

an/halten, ä, ie, a to stop

an/kommen, o, a, o to arrive; **dort ankommen** to get there

anonym anonymous

die **Antwort, -en** answer

antworten to answer

an/ziehen, ie, o, o to attract

die **Arbeit, -en** work

arbeiten to work

ärgerlich angry

der **Artikel, -s, -** article

arm poor

auch also, too; **auch diesmal** once again; **auch nicht** not either

auf in, on, onto, into

aufbrechen, i, a, o to break open

aufessen = essen

aufpassen to be on guard, pay attention

die **Aufsicht, -en** supervision; **unter Aufsicht** under the supervision of

auf/stehen, e, a, a to rise from one's seat

auf/treten, i, a, e to appear

das **Auge, -s, -n** eye

der **Augenblick, -s, -e** moment, minute; **in diesem Augenblick** at that moment

aus out, out of, from
der **Ausdruck, -s, ⁻e** expression
ausgezeichnet excellent
sich **aus/ruhen** to rest
aus/sehen, ie, a, e to look
die **Aussprache** pronunciation
aus/ziehen, ie, o, o pull off,
take off

B

bald soon
der **Barbier, -s, -e** (*archaic*) =
der **Friseur, -s, -e**
barber
der **Bart, -(e)s, ⁻e** beard
der **Bauer, -n, -n** farmer,
peasant
die **Bäuerin, -nen** farmer's wife,
countrywoman
das **Bauernhaus, -es, ⁻er**
farmhouse
der **Bauernjunge, -n, -n**
farmer's boy
die **Bauersfrau, -en** farmer's
wife, countrywoman
der **Baum, -es, ⁻e** tree
beachten to observe
beantworten to answer
beginnen, i, a, o to begin,
start
begleiten, ei, i, i to
accompany
behalten, ä, ie, a to keep
behaupten to maintain
sich **beherrschen** to control
oneself
bei at the home of, at
das **Bein, -(e)s, -e** leg
das **Beispiel, -s, -e** example;

zum Beispiel for example
der **Beitrag, -es, ⁻e** contribution
bekommen, o, a, o to get,
receive
die **Belohnung, -en** reward
bereits already
berichtigen to correct
der **Beruf, -es, -e** profession,
trade
beschreiben, ei, ie, ie to
depict, describe
besitzen, i, a, e to possess
besonders especially
besser better
bestätigen to confirm
beste best; **am besten** best
besteigen, ei, ie, ie to mount
bestellen to order
bestimmt definitely
bestrafen to punish
beträchtlich considerable
betrügen, ü, o, o to cheat
der **Beutel, -s, -** bag, purse
bevor before
der **Beweis, -es, -e** proof
beweisen, ei, ie, ie to prove
bezahlen to pay
bilden to form
billig cheap
bis till, until; **bis jetzt** so
far, up to now
bitte please
bleiben, ei, ie, ie to stay
der **Bleistift, -(e)s, -e** pencil
der **Blick, -es, -e** glance
das **Blut, -(e)s** blood
die **Bohne, -n** bean
böse angry, bad, evil; **ich
bin böse mit dir** I'm
angry with you

brauchen to need, use
braun brown
brechen, i, a, o to break; **das Wort brechen** to break one's word
bringen, i, a, a to bring, take, put; **in eine Familie bringen** to take to a family
die **Brücke, -n** bridge
der **Bruder, -s, ∵** brother
der **Buchstabe, -n, -n** letter
der **Bürger, -s, -** citizen
der **Bürgermeister, -s, -** mayor
das **Bürgermeisterhaus, -es, ∵er** house of the mayor
der **Bursche, -n, -n** fellow
der **Busch, -es, ∵e** bush

D

da since, as, because; at that moment, there, then; when
dabei thereby, in so doing
dafür in return; for them, for it
dagegen against it; **nichts dagegen haben** to have no objection
daher therefore
damals at that time
damit with that, with it, so that
danach after that, later
daneben next to it
dankbar grateful
danke thank you
danken to thank
dann then
daran of that

darauf upon that; **kurze Zeit darauf** soon after, shortly after that
daraufhin upon that
dar/stellen to depict
das = dies
daß that
der **Dativ, -(e)s, -e** dative
davon of it, about it
davon/fliegen, ie, o, o to fly off
davon/galoppieren to gallop away
davon/laufen, äu, ie, au to run off
davon/reiten, ei, i, i to ride away (off)
dem (*dat. sg. of* **der** *and* **das**) to him, to it
denken, e, a, a, to think
denn for
dennoch nevertheless
denselben = derselbe
derselbe the same
deshalb therefore
dessen whose, of which
deutsch German
Deutschland, -s Germany
der **Dialog, -s, -e** dialogue
dick fat
der **Dieb, -es, -e** thief
dies this
dieser, diese, dieses this
diesmal this time; **auch diesmal** once again
Dieter name
das **Ding, -(e)s, -e** thing
doch but, however; surely, after all
der **Dolch, -(e)s, -e** dagger

Dorf

das **Dorf, -es, ⸚er** village
die **Dorfschenke, -n** village inn
die **Dorfstraße, -n** village street
dort there; **dort (drüben)**
  over there; **dort oben** up
  there
dorthin there
draußen outside
drei three
dreihundert three hundred
dreißigtausend thirty
  thousand
drinnen in, inside; **hier**
  drinnen in here
dritte third
drüben = **dort drüben**
dumm stupid, dumb
die **Dummheit, -en** stupidity
der **Dummkopf, -es, ⸚e**
  blockhead
dürfen, a, u, u may, to be
  allowed to, be permitted to
durstig thirsty

E

die **Ecke, -n** corner
der **Edelmann, -s, Edelleute**
  (*pl.*) nobleman
die **Ehe, -n** married life
die **Ehefrau, -en** wife
der **Ehemann, -(e)s, ⸚er**
  husband
die **Ehre, -n** honor; **die Ehre**
  haben to have the honor
ehrlich honest
das **Ei, -s, -er** egg; **auf den**
  Eiern sitzen to hatch

die **Eile** hurry; **so sehr in Eile**
  so pressed for time, in a
  great hurry
eilen to hurry
ein one, a
einbeinig one-legged
einen (*acc. sg.*) of **ein**
ein/fallen, ä, ie, a to
  occur to a person; **es fiel**
  ihm ein it occurred to
  him; **es fällt mir ein** it
  occurs to me
einfältig naive, credulous
der **Einfältige, -n, -n** simpleton,
  fool
einhundert one hundred
einige some, a few
ein/laden, ä, u, a to invite
einmal once; **auf einmal**
  suddenly
einsam lonely
ein/setzen to fill in; **setzen**
  Sie den Artikel ein fill in
  the article; **setzen Sie**
  richtig ein fill in
  correctly
einverstanden sein to
  agree
elf eleven
das **Ende, -s, -n** end; **gegen**
  das Ende towards the end
endlich finally, at last
die **Ente, -n** duck
die **Entfernung, -en** distance;
  in einiger Entfernung at
  some distance
entscheiden, ei, ie, ie to
  decide; **einen Fall**
  entscheiden to decide,
  settle a case

die **Entscheidung, -en** decision;
**zu einer Entscheidung
kommen** to come to a
decision
entschuldigen to excuse;
sich entschuldigen to
apologize
entstehen, e, a, a to come
into being, arise
entweder . . . oder either
. . . or
sich **entwickeln** to develop
erben to inherit
erfahren, ä, u, a to learn,
hear
erfolgreich successful
ergänzen to complete, fill
in
sich **erinnern** to remember
sich **erkälten** to catch a cold
erklären to explain
erreichen to reach
erscheinen, ei, ie, ie to
appear
erschrecken, i, a, o to be
frightened
ersetzen to replace
erst (als) not . . . until,
only; first; **(der, die, das)
erste** (the) first; **zum
ersten Mal** for the first
time
erstaunt amazed, astonished
erwarten to expect
erwidern to reply
erzählen to tell
der **Erzähler, -s, -** narrator
die **Erzählung, -en** tale, narrative, story
essen, i, a, e to eat

das **Essen, -s, -** meal, dinner,
lunch; **zum Essen
einladen** to invite for
dinner
etwa about, approximately
etwas something, anything;
etwas anders somewhat
different

F

das **Fach, -es, ̈er** craft,
profession
fahren, ä, u, a to go, ride,
travel
der **Fall, -(e)s, ̈e** case; **einen
Fall entscheiden** to
decide a case, settle a case
falsch wrong, false
die **Familie, -n** family
das **Faß, -sses, ̈sser** barrel
fassen to catch
die **Fassung, -en** version
fast almost
fehlen to be missing, lack
das **Feld, -es, -er** field; **vom
Felde zurückkommen** to
return from the fields
das **Fell, -es, -e** fur; **jemandem
das Fell über die
Ohren ziehen** to skin or
fleece a person
das **Fenster, -s, -** window
fertig ready, finished, done
fett fat
das **Feuer, -s, -** fire
feuerrot fiery-red
die **Figur, -en** character, figure
finden, i, a, u to find,
discover

Finder

der **Finder, -s, -** finder
flach shallow
die **Flasche, -n** bottle
fliegen, ie, o, o to fly
fließen, ie, o, o to flow
folgen to follow; **folgend**
following
fordern to ask
die **Form, -en** form
die **Frage, -n** question; **nicht in
Frage kommen** to be
out of the question
fragen (nach) to ask (for)
das **Fragepronomen, -s, -**
interrogative pronoun
der **Fragesatz, -es, ̈e** interrogative sentence
Frankreich France
französisch French
die **Frau, -en** woman, wife
die **Freiheit, -en** liberty
fremd strange
der **Fremde, -n, -n** stranger
die **Freude, -n** joy; **voller
Freude** with much joy
sich **freuen auf** to look forward
to
der **Freund, -es, -e** friend
freundlich friendly
Friedrich name
froh glad
führen to lead, guide;
einen Prozeß führen to
have a lawsuit; **jemanden
ins Haus führen** to
show someone into the
house
füllen to fill
fünf five
für for

fürchten to fear
der **Fuß, -es, ̈e** foot; **zu Fuß
gehen** to walk

G

die **Gans, ̈e** goose
Gänschen = *diminutive of*
Gans
ganz quite, entire, whole,
rather
gar nichts nothing
whatsoever
der **Garten, -s, ̈** garden
der **Gast, -es, ̈e** guest
das **Gasthaus, -es, ̈er** inn,
hotel
der **Gastwirt** = **der Wirt**
geben, i, a, e to give (to);
es gibt there is
das **Gedicht, -es, -e** poem
die **Gefahr, -en** danger
das **Gefängnis, -ses, -se** jail,
prison; **ins Gefängnis
müssen** to be sent to jail
das **Gefieder, -s, -** plumage
gehen, e, i, a to go; **wie
geht es Ihnen?** how are
you? how are you getting
along?
gehören to belong
der **Geiz, -es** greed, stinginess
der **Geizhals, -es, ̈e** miser
geizig greedy, covetous
gekocht boiled
geladen loaded
das **Geld, -es, -er** money; **ich
habe nicht so viel Geld**
I haven't got so much
money

der **Geldbeutel, -s, -** purse
genauso just as, exactly the
same way
das **Genre, -s** genre
gerade just
geradewegs straightaway
die **Gerichtsverhandlung, -en**
trial
gern(e) gladly, with pleasure;
ich möchte gern . . . I
would like to . . .
das **Geschäft, -es, -e** bargain,
business; **ein Geschäft
abschließen** to make a
deal
der **Geschäftsmann, -s,
Geschäftsleute** (*pl.*) =
Kaufmann
die **Geschichte, -n** story
geschickt clever
das **Gesetz, -es, -e** law
gestern yesterday
gewinnen, i, a, o to win
der **Gewinner, -s, -** winner
gewisse certain
gießen, ie, o, o to pour
das **Glas, -es, ⸗er** glass; **bei
einem Glase Wein sitzen**
to sit over a glass of wine
glauben to believe, think
gleich same, like, equal;
gleich aussehen to look
the same; **ich bin gleich
zurück** I'll be right back
gleichgültig indifferent;
es ist mir gleichgültig
it is all (just) the same to
me
glücklicherweise luckily,
fortunately

der **Gott, -es, ⸗er** God; **mein
Gott** dear me; **bei Gott**
by God; **helf dir Gott**
God help you
greifen, ei, i, i to reach,
take hold of, seize
das **Grinsen, -s** grin
grinsen to grin
groß large, big; great
grün green
gut good; well; **es ist gut**
it is proper
guten Morgen good morning

H

haben, hat, hatte, gehabt
have, get
halb half
die **Hälfte, -n** (one) half
hängen, ä, i, a to hang
der **Hals, -es, ⸗e** neck
halt! stop!
halten, ä, ie, a to hold,
keep; put; **halten für** to
mistake for
die **Hand, ⸗e** hand; **in guten
Händen sein** to be
perfectly safe
hastig quick, in a hurry
häufig often, frequently
das **Haus, -es, ⸗er** house; **zu
Hause** at home, back
home; **nach Hause** home
die **Hausfrau, -en** housewife
der **Hausherr, -n, -n** master of
the house
heimlich secretly, stealthily
heimreiten, ei, i, i to ride
home

Heinrich (*proper name*) Henry
heiraten to marry, get married
heiß hot, warm
heißen, ei, i, ie to be called; **er heißt** his name is
helfen, i, a, o to help; **wenn man ihm nur helfen könnte** if one could only help him
heraus/finden, i, a, u to find out
heraus/nehmen, i, a, o to take out
herein/lassen, ä, ie, a to let in
hereinlegen (jemanden) to take someone in, deceive
der **Herr, -(e)n, -en** title equivalent to mister, gentleman, master; **ja, mein Herr** yes, sir; **Herr Richter** Your Honor
herunter down
herunter/klettern to climb down
herunter/kommen, o, a, o to come down
heute today; **noch heute** up to this day; **heute morgen** this morning
hier here
hierher here
die **Hilfe, -n** help; **um Hilfe schreien** to cry for help
der **Himmel, -s, -** sky; **am Himmel** in the sky
hinauf/klettern to climb up
hinauf/steigen, ei, ie, ie to climb up

hinaus/weisen, ei, ie, ie to turn out, show the door
hinter behind
hinterlassen, ä, ie, a to leave (behind)
hinunter/kommen, o, a, o to come down
der **Hinweis, -es, -e** hint; **einen Hinweis verstehen** to take a hint
hoch high
hoffnungslos hopeless
höfische Sitten courtly manners
die **Hölle, -n** hell; **zur Hölle fahren** to go to hell
holen to fetch
hören to hear, listen
der **Horizont, -(e)s, -e** horizon; **am Horizont** on the horizon
die **Hose, -n** pants, trousers
der **Hügel, -s, -** hill
das **Huhn, -s, ˮer** chicken
das **Hühnchen, -s, -** roast chicken
hundert (100) hundred
der **Hunger, -s** hunger; **Hunger bekommen** to get hungry
der **Hut, -(e)s, ˮe** hat
die **Hütte, -n** cottage, hut

I

ihm (*dat. sg. of* **er**) him
ihn (*acc. sg. of* **er**) him, it
ihnen (*dat. pl. of* **sie**) them
Ihnen (*dat. sg. of* **Sie**) you
ihre their

die **Illustration, -en** illustration
im = in dem
immer always; **immer noch**
still; **immer wieder** again
and again
in into, in; to
der **Infinitiv, -s, -e** infinitive
der **Inhalt, -s, -e** contents
ins = in das
intelligent intelligent
interessant interesting
inzwischen meanwhile
Italien Italy

J

ja yes, indeed, really; well
ja, Herr = **ja, mein Herr**
yes, sir
die **Jacke, -n** jacket
die **Jagd, -en** hunting; **auf die
Jagd gehen** *oder* **zur
Jagd gehen** to go hunting
das **Jahr, -es, -e** year
das **Jahrhundert, -s, -e** century
jammern to lament
jeder, jedes, jede every,
each
jedoch but, however
jemand someone
jetzt now
jetzig present
jung, jünger, jüngst young
der **Junge, -n, -n** boy

K

der **Kamerad, -en, -en** comrade,
companion

Karl (*proper name*) Charles
der **Kauf, -es, ⁻e** bargain
kaufen to buy
der **Käufer, -s, -** buyer
der **Kaufmann, -s, Kaufleute**
(*pl.*) merchant
kaum no sooner, hardly
die **Kehle, -n** throat
kein no
keiner nobody, not any,
none
der **Keller, -s, -** cellar
kennen, e, a, a to know, be
acquainted with; **sich gut
kennen** to know each other
well
kennenlernen to become
acquainted with, meet
der **Kerl, -s, -e** fellow
das **Kind, -es, -er** child
die **Kiste, -n** chest
klar clear
klatschen to clap; **in die
Hände klatschen** to
clap one's hands
klein small, little, short
klettern to climb
klingeln to ring the bell
klug clever, intelligent
der **Knirps, -es, -e** runt, urchin
knusprig crisp
der **Koch, -s, ⁻e** cook
kochen to cook, boil
kombinieren to combine
kommen, o, a, o to come;
**das kommt nicht in
Frage** that's out of the
question; **komm mal her**
come here; **er kommt
noch** he will come yet

können, kann, konnte,
gekonnt can, to be able
to; ich kann nicht I
cannot

der Kopf, -es, ⁻e head; nicht
ganz richtig im Kopf
not quite right in the head
kosten to cost

der Kranich, -s, -e crane

der Krieg, -(e)s, -e war
krummbeinig bowlegged

die Küche, -n kitchen

die Kuh, ⁻e cow
kurz short; shortly

L

lachen (über) to laugh
(about, at)

der Laden, -s, ⁻ shop
laden, ä, u, a to load
lächeln to smile

die Lage, -n situation, position;
in der Lage sein zu to
be able to

der Landarbeiter, -s, -
farmhand

der Landsknecht, -s, -e
mercenary
lang(e) long, a long time;
nicht mehr länger no
longer
langsam slowly
lassen, ä, ie, a to leave;
let; lassen sich finden
can be found
laufen, äu, ie, au to run;
immer weiter laufen
to keep running

laut loud

das Leben, -s, - life

die Lebendigkeit vitality

das Leder, -s, - leather
leer empty
legen to put, lay, sow

die Lehre, -n lesson

der Lehrjunge, -n, -n apprentice

der Lehrling, -s, -e = der
Lehrjunge
leider unfortunately

die Leiter, -n ladder
lesen, ie, a, e to read

das Lesebuch, -es, ⁻er reader

der Leser, -s, - reader
letzte last

die Leute people
lieb dear
lieben to love, like
liegen, ie, a, e to lie
literarisch literary

die Literatur, -en literature
loben to praise
lösen to solve
lustig funny, amusing

M

machen to do, make

die Magd, ⁻e maid

der Mai, -s May

das Mal, -(e)s, -e time (instance)
man one (impersonal, people,
anybody)
manche (pl.) some

der Mann, -es, ⁻er man, husband

der Mantel, -s, ⁻ coat

die Mark, - German coin

Name

der **Markt, -es, ⸚e** market,
market-square
der **Marktplatz, -es, ⸚e**
marketplace
mehr more; **nicht mehr,
nichts mehr** no more, not
any longer
mehrere several
mehrmals several times
die **Meile, -n** mile
mein my
meinen to say, think, believe
meist most, generally; **die
meisten** most
der **Meister, -s, -** master
melden to announce, inform,
report; **melden, daß man
etwas verloren hat** to
report something lost
der **Mensch, -en, -en** man,
person, human being
merken to notice, realize
das **Messer, -s, -** knife
mich me
mindestens at least
die **Minute, -n** minute
mir (*dat. sg. of* **ich**) to me;
mir geht es gut I am fine
mißtrauisch suspicious
mit with
mit/nehmen, i, a, o to
take along, to take away
with
das **Mittagessen, -s, -** lunch,
early dinner
mittags at noon
das **Mittelalter, -s** Middle Ages
**mögen, mag, mochte,
gemocht** may; **er mag
behalten** he may keep;

ich möchte gern ... I
would like . . .
möglich possible
der **Monat, -s, -e** month
der **Mönch, -es, e** monk
Montag, -s, -e Monday
der **Morgen, -s, -** morning;
**einen guten Morgen
wünschen** to say good
morning; **heute morgen**
this morning
morgen tomorrow
morgens in the morning
müde tired
die **Münze, -n** coin
**müssen, muß, mußte,
gemußt** must, to have
to; **sie mußten lachen**
they couldn't help
laughing
der **Mut, -(e)s** courage
mutig brave, courageous
die **Mutter, ⸚** mother

N

nach after; to
der **Nachbar, -n, -n** neighbor
nach/geben, i, a, e to give
in
nach/jagen to pursue
der **Nachmittag, -(e)s, -e**
afternoon
nachmittags in the
afternoon
nächst next; **das nächste
Mal** the next time
die **Nacht, ⸚e** night
der **Name, -ns, -n** name

xiii

Narr

der **Narr, -en, -en** fool;
**jemanden zum Narren
halten** to make a fool of
somebody
natürlich of course,
naturally
neben beside, next to, by
your side
der **Nebensatz, -es, ⁓e** depen-
dent clause
nehmen, i, a, o to take
nein no
der **Nerv, -en, -en** nerve
das **Nest, -es, -er** nest
neu new
neunundneunzig ninety-nine
nicht not
nicht mehr no more,
no longer, not any more
nicht nur . . . sondern not
only . . . but
nichts nothing, not anything;
sie tut nichts mehr she
does not work any longer
nie never
niedrig low
niemals never
niemand nobody, no one;
niemand anderes (als)
nobody else (but)
noch still, yet; **noch einmal**
again, once more; **noch
heute** up to this day;
noch viele Male many
more times
normal normal
normalerweise normally
nun now; well; **nun gut**
alright
nur only, alone

O

oben up, above, upstairs
obwohl though, although
oder or
öffnen to open; **Dieter
öffnete . . .** Dieter was in
the habit of opening . . .
oft frequently
ohne without
das **Ohr, -(e)s, -en** ear
der **Orient, -s** Orient

P

das **Paar, -es, -e** pair
paar: ein paar some
packen to seize
das **Paradies, -es, -e** paradise
das **Passiv, -s** passive voice
die **Person, -en** person
die **Pfanne, -n** pan, frying-pan
der **Pfarrer, -s, -** parish priest
der **Pfennig, -s, -e** penny
das **Pferd, -es, -e** horse; **auf
einem Pferd reiten** to
ride on horse-back
der **Pferdedieb, -s, -e** horse-
thief
der **Pferdewagen, -s, -** carriage
das **Pfund, -(e)s, -e** pound
die **Pistole, -n** pistol
der **Platz, -es, ⁓e** place
plötzlich suddenly
der **Plural, -s, -e** plural
der **Polizist, -en, -en** policeman
die **Präposition, -en** preposition
das **Präsens, -** present (tense)

das **Präteritum, -s** past (tense)
der **Preis, -es, -e** price
der **Prozeß, -sses, -sse** lawsuit;
    den Prozeß gewinnen
    to win the case
pünktlich punctually

Q

die **Quelle, -n** source

R

rasieren to shave
der **Räuber, -s, -** robber, high-
    wayman
realistisch realistic
rechnen to add up, sum
    up; **Sie sind ein guter
    Rechner** you are good at
    adding figures
die **Rechnung, -en** bill
    recht right; **recht haben** to
    be right; **es ist mir recht**
    it just suits me; **im Recht
    sein** to be in the right
reden to talk
reich rich, wealthy
die **Reihenfolge, -n**
    (chronological) order
reiten, ei, i, i to ride
der **Reiter, -s, -** rider
das **Rennen, -s, -** race
repräsentieren to represent
retten (vor) to save (from)
der **Rhein, -s** Rhine
richten (auf) to aim (at)

der **Richter, -s, -** judge; **Herr
    Richter** Your Honor
richtig correct, right; real;
    richtig oder falsch
    right or wrong
riskieren to risk
der **Rock, -es, ∺e** coat
rot red
die **Rückkehr** return
rufen, u, ie, u to shout, call,
    exclaim; call for

S

die **Sache, -n** thing
der **Sack, -(e)s, ∺e** sack, bag
sagen to say, tell
das **Salz, -es** salt
sammeln to collect
die **Sammlung, -en** collection
der **Samstag, -es, -e** Saturday
der **Satan, -s** Devil, Satan
die **Satire, -n** satire
der **Satz, -es, ∺e** sentence
schade: das ist schade
    that's too bad
das **Schaf, -(e)s, -e** sheep
der **Schäfer, -s, -** shepherd
scharf sharp
scheinen, ei, ie, ie to seem
schenken to make a present
    of, give
scheu shy
schicken to send
schießen, ie, o, o to shoot
schlafen, ä, ie, a to sleep
schlagen, ä, u, a to beat,
    strike
schlecht bad

schließen, ie, o, o to shut, close
schließlich finally, at last
schlimm bad; schlimmer worse
der Schluß, -sses, ⁻sse end, close; zum Schluß finally, at last
der Schlüssel, -s, - key
das Schlüsselwort, -es, ⁻er key word
schneiden, ei, i, i to cut
schnell quickly, fast, rapidly
schön beautiful, all right
schräggedruckt italic
der Schrank, -(e)s, ⁻e cupboard
schreiben, ei, ie, ie to write
schreien, ei, ie, ie to cry, scream
der Schuh, -es, -e shoe
der Schuhmacher, -s, - shoemaker
schulden to owe; wieviel ich Ihnen schulde how much I owe you
der Schüler, -s, - student, scholar, pupil; der fahrende Schüler vagrant scholar
der Schwank, -es, ⁻e a short, usually comic and often satirical tale, farce
schwarz black, dark
das Schwein, -s, -e pig
der Schweinestall, -s, ⁻e pigsty
schwer heavy
schwierig difficult
schwören to swear
sechs six

sechshundert (600) six hundred
das Sechstel, -s, - (one) sixth
der See, -s, -n lake
die Seele, -n soul
sehen, ie, a, e to look, see; sieh mal her look here
sehr very
sein his
sein, ist, war, gewesen to be
seit since, for (time)
die Seite, -n page; side
die Sekunde, -n second
selbst self; er selbst he himself; fragen Sie ihn selbst ask him yourself
selbstverständlich of course
sich setzen to sit down
setzen to set, put; setzen Sie den Artikel ein fill in the article; setzen Sie richtig ein fill in correctly
sicher sure, certain; ich bin sicher I am sure; eine sichere Hand a steady hand
sicherlich certainly, surely
sie (acc. pl. of sie) them
siebenhundert (700) seven hundred
die Silbe, -n syllable
das Silber, -s silver
die Silbermünze, -n silver coins
der Singular, -s, -e singular
die Situation, -en situation
sitzen, i, a, e to sit
so so; thus, as . . . as
so viel so much

so . . . wie as . . . as
sobald as soon as
sofort at once, immediately
sogar even
sogleich at once
der Sohn, -(e)s, ⁓e son
solch such
sollen shall
sondern but; nicht nur . . .
sondern auch not only
. . . but; nicht . . .
sondern not . . . but
die Sonne, -n sun, here: name of
an inn
der Sonntag, -s, -e Sunday
sonst nichts nothing else
sorgen (dafür) to see to it;
sorgen Sie sich nicht
don't worry; mach dir
keine Sorgen don't worry
sowohl . . . als auch as
well . . . as, both . . . and
Spanien Spain
der Spaß, -es, ⁓e joke
spät late; später later
der Spiegel, -s, - mirror
das Spiel, -s, -e game, play;
auf dem Spiel stehen to be
at stake
sprechen, i, a, o to tell, speak
springen, i, a, u to jump;
vom Pferd springen to
jump off the horse
die Stadt, ⁓e town, city
der Stall, -(e)s, ⁓e stable
stammen (aus) to originate
(from)
der Stand, -es, ⁓e class
starten to start
statt instead (of)

staunen (über) to be
amazed (at), be astonished
stecken to put
stehen, e, a, a to stand;
im Testament steht the
testament says
stehlen, ie, a, o to steal
steigen, ei, ie, ie to climb
der Stein, -(e)s, -e stone
die Stelle, -n place
stellen to place, put
sterben, i, a, o to die
der Stier, -(e)s, -e bull
die Stimme, -n voice
stimmen: es stimmt it's
or that's correct
die Strafe, -n punishment; ohne
Strafe davonkommen to
get away without punish-
ment
die Straße, -n street, road; auf
der Straße in the street
der Streich, -es, -e prank
der Streit, -es argument
das Stück, -(e)s, -e piece
der Student, -en, -en student
der Stuhl, -s, ⁓e chair
die Stunde, -n hour
stundenlang for hours
das Substantiv, -s, -e noun,
substantive
suchen (nach) to look for,
search
Süddeutschland Southern
Germany
die Summe, -n sum
die Suppe, -n soup; jemandem
die Suppe versalzen to
spoil a person's game
das Synonym, -s, -e synonym

T

der **Tag, -es, -e** day; **am nächsten Tag** the following (next) day; **eines Tages** one day; **tagelang** for days
Taler, -s, - German silver coin; (dollar is adapted and borrowed from German " Taler ")
die **Tasche, -n** pocket, bag
der **Taschendieb, -s, -e** pickpocket
die **Tasse, -n** cup
tatsächlich really, actually
Tausendundeine Nacht Arabian Nights
der **Tee, -s** tea
der **Teil, -(e)s, -e** share, part
teilen to divide
das **Testament, -(e)s, -e** testament
teuer expensive
der **Teufel, -s, -** Devil
teuflisch devilish
der **Tisch, -es, -e** table; **am Tisch sitzen** to sit at the table
der **Titel, -s, -** title
der **Tod, -es** death
töten to kill
die **Tradition, -en** tradition
tragen, ä, u, a to wear
trauen to trust
traurig sad
sich **treffen, i, a, o** to meet
treten, i, a, e to step
der **Trick, -s, -s** trick
trinken, i, a, u to drink;

einen trinken to have a drink
der **Tropfen, -s, -** drop
trotzdem nevertheless
tun, tut, tat, getan to do; **so tun als ob . . .** to pretend
die **Tür, -en** door
der **Typ, -s, -en** type

U

üben to practice
über over, of, about, above, across
überhaupt in any way, at all
die **Überlieferung, -en** tradition
überraschen to surprise; **überrascht werden** be taken by surprise
die **Überraschung, -en** surprise
sich **überzeugen** to make sure
übrigbleiben to be left over
übrigens by the way, incidentally
die **Uhr, -en** watch, clock; **um zehn Uhr** at ten o'clock
um around, at
um . . . zu in order to, to
um/wandeln to change, convert
um/drehen to break, twist
umsonst for nothing
und and
unehrlich dishonest
ungeduldig impatiently
ungefähr about, approximately

das **Unrecht, -s, -e** injustice,
  wrong; **im Unrecht sein**
  to be in the wrong
der **Unsinn, -s** nonsense
  unten below, down,
  downstairs; **von unten**
  from below
  unter under
  unterbrechen, i, a, o to
  interrupt
  unterstreichen, ei, i, i to
  underline
die **Unwahrheit, -en** lie; **die
  Unwahrheit sagen** to tell
  a lie
  ursprünglich originally

V

der **Vater, -s, ⸚** father
sich **verabschieden** to say
  good-bye
  verändern to change, vary
das **Verb, -(e)s, -en** verb
  verbessern to correct
  verdienen to earn
  vergessen, i, a, e to forget
das **Verhältnis, -ses, -se** love
  affair
der **Verkauf, -s, ⸚e** sale
  verkaufen to sell
  verlangen to ask, demand
  verlassen, ä, ie, a to leave
  verlieren, ie, o, o to lose
  vermitteln to mediate
  verschieden different
  verschließen, ie, o, o to
  lock up

versprechen, i, a, o to
  promise
verstecken to hide
verstehen, e, a, a to
  understand
versuchen to try
vertauschen to exchange
verteidigen to defend
verteilen to distribute
vertreten to represent
verwandt sein mit to be
  related to
verwenden to use
viel much
viele many
vielen Dank many thanks
vielleicht perhaps
vier four
das **Viertel, -s, -** (one) quarter
vierzehn fourteen; **vor
  vierzehn Tagen** two
  weeks ago
der **Vogel, -s, ⸚** bird; **ein Vogel
  sitzt auf seinen Eiern**
  a bird is hatching its
  eggs
volkstümlich popular
voll full
von of; from; **von unten**
  from below
vor in front of, before; ago
vorbereiten to prepare
vorher before, formerly
vorsichtig cautiously

W

der **Wagen, -s, -** car, carriage
wählen to choose

wahr true; **so wahr mir Gott helfe** so help me God
während while
die **Wahrheit** truth
der **Wald, -es, ⁀er** woods, forest
wann when
warten (auf) to wait (for)
warum why
was what; **was für ein . . .** what a
das **Wasser, -s** water
weder . . . noch neither . . . nor
der **Weg, -es, -e** way, road; **sich auf den Weg machen** to start on one's way
Weihnachten Christmas
die **Weihnachtsgans, ⁀e** Christmas-goose
weil because, as, since
der **Wein, -es, -e** wine
weinen to weep
das **Weinfaß, -sses, ⁀sser** wine-cask
die **Weinflasche, -en** wine-bottle
die **Weise, -n** way; **in dieser Weise** in such a way
weit far; **weit von** far off
welche, welcher, welches which
wen whom
sich **wenden, e, a, a** to turn
wenige a few
wenigstens at least
wenn if; when
wer who; **wer von ihnen** which of them
werden, wird, wurde,

geworden to become, get, grow; spring
werfen, i, a, o to throw
wert worth
weshalb why
der **Wettlauf, -es, ⁀e** race, running-match; **einen Wettlauf machen** to compete in a race
wichtig important
wie how, as, like; **wie lange** how long; **wie geht es Ihnen?** how are you?
wieder once more, again, back again; **wieder einmal** once more
wiedersehen, ie, a, e to see again; **auf Wiedersehen** good-bye
wiederum again, once more
wieviel how much
wild wild
der **Winter, -s, -** winter
der **Wintermantel, -s, ⁀** winter-coat
wirklich really
der **Wirt, -es, -e** innkeeper
das **Wirtshaus, -es, ⁀er** inn
wissen, ei, u, u to know, realize; **ohne daß sie davon etwas wußten** without their knowing about it
der **Witz, -es** wit, intelligence
witzig witty
wo where; **wo hast du sie her?** where did you get it?
die **Woche, -n** week

der Wochentag, -(e)s, -e day of the week
woher where . . . from
wohin where, where . . . to
wohl well
die Wolke, -n cloud
wollen, will, wollte, gewollt to want, want to
das Wort, -es, "er word; das Wort halten to keep one's word; das Wort brechen to break one's word
die Wortstellung, -en word order
wütend furious

Z

zahlen = bezahlen
zehn ten
zeigen to show
die Zeit, -en time; nach kurzer Zeit after a short time; zur gleichen Zeit at the same time; vor einiger Zeit some time ago; keine Zeit mehr haben to be pressed for time
zerschlagen, ä, u, a to smash to pieces
ziehen, ie, o, o to pull, draw, lift
das Ziel, -s, -e winningpost
ziemlich rather, pretty
zittern to tremble
zögern to hesitate
der Zorn, -s anger
zu too; to
zuerst first, at first

zufällig accidentally; ich habe zufällig . . . I just happen to have
zufrieden content
zu Hause at home
zu teuer too expensive
die Zukunft future; in Zukunft next time
zum = zu dem
zur = zu der
zurück back
zurück/bringen, i, a, a to bring back, take back
zurück/geben, i, a, e to hand back
zurück/gießen, ie, o, o to pour back
zurückhaben: er will zurückhaben he wants to have back
zurück/kaufen to buy back
zurück/kehren to return
zurück/kommen, o, a, o to come back, return
zurück/reisen to travel back, return
zurück/verfolgen to trace back
zurück/verlangen to demand back
zusammen together; zusammen mit dir with you
zusammen/gehören to belong together
zu viel too much
zwanzig twenty
zwar to be sure, as a matter of fact
zwei two

Zweifel

der **Zweifel, -s, -** doubt; **es gibt keinen Zweifel mehr** there is no longer any doubt

der **Zweig, -es, -e** branch

zweimal twice

der **zweite** the second; **zum zweiten Mal** for the second time

der **Zwerg, -(e)s, -e** dwarf

zwingen, i, a, u to force; **er wird Sie dazu zwingen** he will force you to do it

zwischen between, among

zwölf twelve

der **zwölfte** twelfth